DO .com世代的生活便利情報指南

科槓達人
Choyce
的
關東
自由行全攻略

東京發！
一次玩透透！　Choyce——著

推薦序

斜槓達人，斜槓關東

／和菓子

走遍世界五大洲，一年到訪日本超過數十次的Choyce，是一個最能夠不藏私把挖箱寶統統告訴你的好朋友！這一切……都與Choyce的豪爽性格有最直接的關係。

被廣大讀者們暱稱為「姐」的她，總是會以過來人的身分告訴我們，哪邊好吃、哪邊好玩、哪邊好看、哪邊千萬不能夠錯過！

很多朋友認識她，或許是從Choyce獨樹一格的體驗式教養開始，「哦！原來是位親子教育專家呀！」是的，但只用這個頭銜來理解Choyce，似乎好像不太全面。

擁有外語領隊證照與丙級保母資格，加上又身為台南女兒的Choyce，對美食的直覺就像早已內建在DNA裡。每一次的見面，她總是能如數家珍般地告訴我，哪裡又開了新店、哪裡又換了新菜單，說來也真奇怪，到底誰才是住在東京的人啊？

身為一個最會持家的女人，永遠知道怎麼用最精打細算的消費去換取最不可思議的享受！所以她永遠說不完的口袋名單、百年老店、文青咖啡館、米其林餐廳、IG打卡名店、可以眺望東京鐵塔的神秘求婚地點，還有隱藏在五星級大飯店裡頭的喝到飽酒吧。

Choyce不僅僅是個美食達人，更有一身的好酒量與酒膽，幾乎是嚐遍坊間各地美酒，對於日本各種酒類都有著自己獨特的品味，美食加上美酒，累積出一間又一間只有在地人才知道的秘密攻略。

Choyce更是個超級購物達人，這是走遍全世界，也比遍全世界才能有的經驗值，單單用「超會買」來形容是不夠的，能知道在哪裡買什麼最超值、最划算、最好用是她最強的戰略！

身為母親的Choyce，深深了解家長們帶孩子出國的辛苦與期望，對於日本所有親子友善的場所更是瞭若指掌，也貼心地篩選出最好玩的親子同樂景點，每一個註記都是貼心的叮嚀與分享，為旅行創造出難以抹滅的美好回憶。

認識Choyce之後才知道東京竟然這麼大，走出東京以後，才知道關東區域竟然這麼好玩，無論是第一次來日本或第幾次來日本，跟著斜槓達人Choyce走進東京深入關東，肯定讓你的日本行與眾不同，《斜槓達人Choyce的關東自由行全攻略》，真心推薦給所有朋友喔！

前言

每年台灣人出國旅行超過一千五百萬人次，多數人和Choyce一樣，一年出國多次以上，而我一年要造訪日本二十次，多半以東京為起點；換句話說，東京是我除了家鄉以外，最常走訪的第二故鄉。外子經常疑惑地問：「去那麼多次東京，難道不會膩嗎？」

每次造訪東京，總是能發現新的景點、新的話題不斷推陳出新，即使街頭巷尾都能找到故事；而發掘更多東京引人入勝的美麗風光，也是Choyce一再探訪東京的樂趣所在。每回總帶著滿足又遺憾的心情離去，心裡盤算著：「下次何時再來？」

從北海道到沖繩，Choyce在日本不同地方體驗了當地的特殊風情，唯獨東京，無法用任何名詞來定義，它不被框架侷限，永遠在挑戰自己，好還要更好，就是東京再發現的意義。

如果你曾經去過東京，不妨再一次，發現不一樣的東京。

PART 1 東京私房美食筆記

現場有爵士樂演奏的人氣餐廳
俺のイタリアン Jazz 義大利創意料理 10

市場直送、美味平價的庶民美食
立喰い寿司魚がし日本一 12

五星級飯店高貴不貴的歐式料理
GIRANDOLE Park Hyatt 14

東京鐵塔旁低調神秘的和食餐廳
東京 芝 とうふ屋うかい 16

視覺與美味雙重享受的話題名店
牛かつ もと村 18

人氣紅不讓的東京在地美食
つきしま小町 20

超人氣排隊名店
日本橋海鮮丼 つじ半 22

超美味炸牛排
牛カツ専門店 京都勝牛 24

日本親子丼創始名店
江戶路 26

東京懷石料理名店
玄菜壱上 28

米其林認證拉麵名店
味噌麵処 花道 30

道地江戶美食，天婦羅百年老舖
下町天丼秋光 32

台灣也有分店的人氣燒烤
大阪燒肉・ホルモン ふたご 34

新鮮美味、C/P 值超高
美登利迴轉壽司 36

隱身新宿大樓的町家和食
京町戀時雨 新宿本館 38

平價美食吃到飽
涮涮鍋 DON 亭 40

不用去韓國也能品嚐道地韓味
ハヌリ（HANURI） 42

銀座巷弄裡的職人咖啡
カフェ・ド・ランブル 44

銀座人口耳相傳的好味道
銀座みゆき館 Galerie Cafe Le Grand 46

文青潮人必訪
藍瓶咖啡 48

客製化的京都冰淇淋名店
ハンデルスベーゲン 50

人氣一番美味鬆餅
bills 52

法國精品奶油老舖旗下名店
Echire Maison du Beurre 東京丸之內店 54

懷念的傳統刨冰
浅草茶蔵 56

奇幻色彩包圍的主題咖啡店
kawaii monster cafe harajuku 58

甜點控的美食天堂
ぐりこ・や Kitchen 60

四國名物
芋屋金次郎 62

無敵可愛的手工餅乾店
henteco 64

老饕推薦必吃
元祖明太煮沾麵 66

PART 2 東京另類體驗

娛樂性十足的六本木經典歌舞秀
バーレスク TOKYO 70

大人小孩都愛的超人氣主題樂園
《ONE PIECE》航海王樂園 72

穿越時空的歷史巡禮
江戶東京博物館 74

啟發想像與創意的 3D 藝術創作空間
東京幻飾藝術館 76

親子同樂好去處
品川水族館 78

和服體驗時尚大變身
Kimono Tokyo Harajuku 80

日本傳統茶道體驗
大田區観光情報中心 82

花小錢享受泡湯趣
改正湯 84

PART 3
東京近郊輕旅行

1／東京都心半小時可達！
異國風港都橫濱悠閒散策

新潮與懷舊相依存
元町商店街 90

餐廳密度爆表
野毛美食橫丁 92

潮男潮女聚集地
吉田町 94

無料參觀、免費暢飲
KIRIN 橫濱啤酒工廠 96

昭和風情滿喫
Ra-Haku 新橫濱拉麵博物館 98

小心魔女出沒
魔女とハーブの店 Green thumb 100

正統壽喜燒老店
荒井屋 102

小巧精緻的轉角咖啡屋
nanbanya 南蠻屋咖啡 104

超值義大利餐廳
OREZZO 俺蔵 106

療癒系布丁狗主題咖啡店
POMPOMPURIN Café 橫濱店 108

三浦漁港直送
びっくり壽司 110

白天是咖啡店，晚上變身小酒吧
cafe/bar BSM 112

道地美國風洋食
センターグリル 114

2／搭乘新幹線一小時，
享受群馬縣泡湯好時光

日本人氣第一溫泉勝地
草津溫泉 118

濃厚歷史感
奈良屋 120

一邊泡足湯一邊喝咖啡
湯畑草菴 122

太宰治造訪過的世外桃源
旅館たにがわ 124

四季皆美、老少咸宜
水上溫泉 126

豪華炭烤料理大推薦
上牧溫泉 辰巳館 128

手作體驗
月夜野玻璃公園 130

日本僅此一家美味豬排飯
育風堂 132

日本美人溫泉湯代表
伊香保溫泉 134

創業 150 年的傳統溫泉旅館
雨情の湯 森秋旅館 136

純和風旅館，五感大滿足
お宿玉樹 138

現摘現吃
須田草莓園 140

人情味洋溢、家族旅行首選
四萬溫泉 142

《神隱少女》湯婆婆的家
積善館 144

老屋新生的文青咖啡館
柏屋カフェ 146

鐵道、絕景滿喫之旅
渡良瀨溪谷鐵道、梨木溫泉 梨木館 148

3／超值又好玩！
茨城縣親子自駕小旅行

《宇宙兄弟》的夢想發源地
筑波宇宙中心 152

新鮮直送葡萄吃到飽
大場觀光ぶどう園 154

好吃好逛的海鮮天堂
那珂湊魚市場 156

寓教於樂的海洋教育舞台
茨城大洗水族館 158

免費參觀試吃的明太子樂園
めんたいパークかねふく 160

4／東京人的週末一日遊首選——埼玉縣

建築大師隈研吾設計
西武旅行餐廳 52 席的至福 164

濃濃江戶風情
川越一番街（蔵造り通り） 166

日本天皇夫婦造訪過的地瓜懷石料理
話処 陶路子 168

親手製作手打烏龍麵
長瀞古澤園 170

北歐童話風主題公園
あけぼの子どもの森公園 172

PART 1

東京私房
美食筆記

對Choyce來說，在東京旅行的小確幸是不費力氣就能海吃四方。日本傳統料理當然不用說，各國經典美食更是齊聚一堂，比起台灣一些知名餐廳貴森森的價格，東京美食甚至來得親民許多喔！

現場有爵士樂演奏的人氣餐廳
俺のイタリアン Jazz
義大利創意料理

1

Choyce這幾年跑東京，於公於私都經常在地價高昂的銀座一帶走動，發現這一帶的消費遠超乎想像地實在。去年Choyce與住東京的好友一起相約過聖誕節，也提前上網預約了位於新橋車站附近、銀座八丁目的「俺のイタリアン Jazz義大利創意料理」。

「俺の」系列餐廳以美味、低單價為號召，開幕之後在東京美食界投下了震撼彈，在年輕族群中蔚為風潮。此外它也曾在日本飲食界掀起一股「桌費」收取與否的討論聲浪，俺の系列餐廳都是按人頭收取300圓桌費（不分年齡大小都要計算喔），但是提供「お通し」（桌費換小菜）方案。

店內有許多下班後來這裡聚餐的上班族，餐廳內人聲鼎沸，乾杯聲不絕於耳。上菜時，服務生先送上義大利開胃菜生牛肉冷盤，義大利起司現場刨絲，巧妙地做成一朵起司花，為這道冷盤增色不少。接下來是鰻魚Pizza熱騰騰地上桌，半熟蛋黃鋪滿了整片Pizza，滑嫩可口，讓人忍不住一口接一口。菌菇義大利麵是店家推出的聖誕節特別菜色，牛排加上厚片鵝肝淋上費時熬煮的紅酒醬，令人讚嘆不已！壓軸主菜是用錫箔紙包裝的淡菜大蝦與海魚，打開後海洋香氣撲鼻而來，魚的分量更是驚人，本來想吃甜點的胃瞬間被K.O.！

這頓聖誕大餐三大兩小、搭配爵士樂演奏，吃得十分開懷，結帳時一共花了13035圓，還不到3500元台幣，是不是很划算呢？

2 3

1. 聽現場爵士樂演奏，每個人頭只要酌收300圓，非常超值喔！
2. 「俺の」系列餐廳各有不同主題，但都非常強調自我風格。
3. 餐廳人氣居高不下，幾乎天天客滿。
4. 價格便宜但是食材很高檔，以獨特的創意料理取勝。

4

俺のイタリアン Jazz
義大利創意料理
地址：東京都中央区銀座8-3-11 和恒ビル1F
電話：03-6280-6266
營業時間：週一～五12：00～23：30，週六・日・假日 12：00～23：30，不定休
www.reserve.oreno.co.jp

市場直送、美味平價的庶民美食
立喰い寿司魚がし日本一

這家立壽司店是一位居住在東京的友人推薦的，當我冒著寒風冷雨走到新宿西口才赫然發現：「啊！這家店不知道經過多少次，卻一次都沒有走進去過！」

「いっらしゃいませ～」一進門，可愛的店長土橋先生就以元氣十足的聲音招呼著每一位來客，讓人有賓至如歸的感覺。

由於店內空間狹窄沒有座位，客人與師傅都站立著。由職人親手握的壽司每貫75圓起跳，最貴的大腹鮪魚則是350圓，物美價廉！提醒大家，日本握壽司的正統吃法是用大拇指和食指抓起壽司，將壽司料朝下輕沾醬油（不要用醋飯沾醬油喔），然後豪快地大口送入嘴裡！

Choyce來到枱前叫了一份主廚推薦的600圓鮪魚套餐，含鮪魚中腹等共四味，接下來加點最愛的佳餚，竹筴魚配上薑末與蔥花是正統江戶吃法，果然帶著辛香料最能提升新鮮竹筴魚的味道！一般壽司店難得一見的象拔蚌帶著嚼勁，爽脆又好吃，小章魚腳則沾上神秘調味並用直火碳烤，還有蝦頭做成味噌湯，湯頭好鮮好甜！

許多人好不容易來到日本，卻擔心語言不通，不知怎麼點餐，倘若不懂日文沒關係，店內還有英語菜單喔！建議大家鼓起勇氣點些台灣沒有的食材，放膽挑戰吧！

1. 平實價格享受美味餐點的秘密：立食。
2. 一邊握壽司、一邊招呼顧客，讓人感受到溫度與熱情。
3. 老東京人才會知道的在地壽司店。
4. 鮪魚、竹筴魚、象拔蚌、小章魚腳……好吃壽司應有盡有。

立喰い寿司魚がし日本一
地址：東京都新宿区西新宿1-12
營業時間：週一到週五營業至深夜11點，
週六・日與假日只營業到晚上10點
全年無休
www.uogashi-nihonichi.com/shinjyukunishiguchi

1

2

3

4

五星級飯店高貴不貴的歐式料理
GIRANDOLE Park Hyatt

位於東京都廳旁的五星級飯店Park Hyatt，高居不下的房價讓人卻步，但Choyce要特別介紹位於這家飯店41樓的GIRANDOLE（ジランドール）餐廳，在中午時段造訪絕對會讓你驚喜連連。

GIRANDOLE是東京都內享有盛名的歐式餐廳，總主廚擁有多年西餐料理經驗，將日式與歐式餐點做了完美結合。店內裝潢華麗不失莊重，抬頭可見知名影星風華絕代的身影，每到夜晚更是一位難求！不過中午時段店家提供了精緻實惠的套餐，有2500圓、3500圓、4000圓三種選擇，另加10%服務稅。3500圓套餐有三種主菜選擇，由Park Hyatt的點心師傅製作的迷你法棍免費供應，「紐西蘭進口沙朗牛排」搭配沙拉與生火腿，以華麗的姿態登場，香稠又多層次的濃湯口感也讓人至今難忘；甜點則是要價1000圓的黑布朗尼，與餐後的濃醇咖啡相得益彰。

1

2

2500圓套餐的主餐「義大利青醬斜管麵」布滿蘆筍、烏賊與綠豌豆等食材，調味得恰到好處，分量足以讓男性吃飽。甜點是主廚推薦的巧克力胡桃慕斯，也做得很有水準喔！

在東京，五星級飯店消費本來就不便宜，這裡一杯酒精飲料售價接近一份午間套餐價格，義大利S.pellergrino氣泡水約7000圓。但是和晚上動輒上萬圓起跳的菜單相比，以台幣不到千元的價格就可置身美麗的用餐環境，享受高水準的歐式餐點以及周到服務，C/P值超高！

GIRANDOLE Park Hyatt
地址：東京都新宿区西新宿3-7-1 41F
電話：03-5322-1234
www.opentable.jp

3

1. 餐廳陳列很有特色，宛如星空滿天般的華麗感受。
2. 中午時段提供了特別精緻卻實惠的套餐，讓人驚喜連連。
3. Park Hyatt飯店內裝潢華麗卻莊重，很適合拿本書、點杯咖啡，靜靜享受屬於一個人的悠閒時光。
4. 沙拉以鹹派與生火腿華麗開場，讓人嘆道：這前菜吃飽了，主餐吃不下啦！

4

東京鐵塔旁低調神秘的和食餐廳
東京 芝 とうふ屋うかい

位於東京鐵塔旁的「東京 芝 とうふ屋うかい」占地2000坪，曾經獲得米其林一星認證，是外賓造訪東京必去的餐廳排行榜第一名。

來到這裡恍如世外桃源，僅僅一扇門就把門外車水馬龍的繁華世界隔絕在外。一踏入門前，櫃台人員立刻迎向前來，確認訂位資料後，通知裡面的服務生出來帶位。

日式造景庭園、朱雀鳥居、白壁烏瓦、潺潺流水聲，身穿日本傳統和服的工作人員忙碌地穿梭其間，彷如穿越時空，回到江戶時代。Choyce沿著石階往前走，聽著潺潺流水、蟲鳴鳥叫，不禁懷疑這裡真的是東京嗎？回頭看看燈火輝煌的東京鐵塔，才確認自己不是置身在另外一個時空。

造訪時正是三月初，女兒節的人偶層層陳列，紅白兩色象徵著喜慶與祝福，用「賞心悅目」還不足以傳達視覺上的感動。我們預定的豆腐宴，每人12000圓，飲料和酒類另外計算。雖然是豆腐宴，卻不是全程吃豆腐，而是享用日本宴席料理套餐，它以精緻擺設的餐具揭開序幕，從先付到蒸物、烤物、煮菜都毫無冷場。餐點揉合了季節性食材，連櫻花都能入菜，先嚐一口櫻花握壽司，酸酸甜甜，很有在春天賞花的風情。店裡出名的竹酒是一定要試試的啦！Choyce最愛的下酒菜白子有種讓人難以抗拒的味道，一入口就咕溜咕溜地滑入胃袋。

米其林認定的美食標準不只是食物本身，還加上環境、服務水準，雖然這家特色餐廳現在少了米其林光環，但餐飲品質都在水準之上，還能擁有足夠的隱私空間，換算下來，價格真的不算太貴。可惜當天預定的包廂看不到東京鐵塔是小小的遺憾。

1. 在外國人最熱愛的夢幻美食餐廳，乾杯！
2. 數寄屋造，每一間都能欣賞到最佳東京鐵塔景觀。
3. 餐廳不只銷售豆腐，其實連點心餅乾都有。
4. 曾被認證米其林一星餐廳，從先付到蒸物、烤物、煮菜，毫無冷場！

1

東京 芝 とうふ屋うかい

地址：東京都港区芝公園4-4-13
電話：03-3436-1028
營業時間：週一〜週五11：45〜19：30，
週六・日與假日11：00〜19：30
www.ukai.co.jp/shiba

2

3　4

視覺與美味雙重享受的話題名店
牛かつ もと村

日本橋室町COREDO二號館Ｂ1在2016年3月開了兩間話題沸騰的名店「牛かつ もと村」與「金子半之助烏龍麵」，Choyce到訪牛かつ もと村時還不到營業時間，門口已大排長龍，其中不乏身穿西裝的上班族們，等到11點開業後，顧客們陸續進入店內，11：07分就已經滿席。

Choyce點的是含有山藥泥麥飯的牛かつ套餐（多付100圓）（麥飯可免費續一次）。牛かつ（炸牛排）是牛排的新興吃法，廚師先把牛排裹粉清炸至三分熟，鎖住肉汁不流失，等到略微降溫後送上桌，讓饕客自行煎烤調整熟度。經過第一道炸牛排的手續之後，牛排不顯老，更美味多汁！

我們入座時侍者已經先點火燒熱烤盤，然後送上整大片約三分熟牛排，裡頭帶著粉紅色，但沒有滲血。那烤盤真的很給力，僅僅放上去十秒鐘就瞬間加熱到五分熟，再多放二十秒就全熟，想吃美味炸牛排可要分秒必爭！烤盤上吱吱作響的香味超級誘人，倘若你能通過考驗，相信一定擁有異於常人的意志力！

山藥泥跟麥飯是這場牛肉饗宴的最佳配角，黏稠的山藥泥有畫龍點睛的效果，讓美味更上一層樓。沾料有醬油與鹽巴，但老饕都知道哇沙米嗆辣，可中和牛肉的油膩感，取而代之的是清新的香甜。

1　　2

1. 號稱「美食煉獄」，歡迎愛吃美食的人前來挑戰！
2. 烤盤提供用餐客人自行調整喜愛的牛肉熟度。
3. 餐廳位於日本橋室町COREDO二號館B1。
4. 各種套餐都很誘人，山藥泥與麥飯更是絕佳配角！
5. 兩間話題名店牛かつもと村與金子半之助烏龍麵新開幕，幾經思量下選擇了先去牛かつもと村嚐嚐鮮。

3

4

5

牛かつ もと村

地址：東京都中央区日本橋室町2-3-1
營業時間：10：00～22：00
電話：03-3273-5121

人氣紅不讓的東京在地美食
つきしま小町

說到日本鐵板料理，大家很快就聯想到「廣島燒」、「大阪燒」，以及「月島文字燒」。這回Choyce與好友們相約一起到月島來個女子會，品嚐真正發源自東京的庶民美食——文字燒（もんじゃ燒き）。

從月島車站走出來後，沿著月島商店街慢慢走，傳統商店、雜貨店與服飾店林立，老街上也開設了許多文字燒餐廳，這間「つきしま小町」就是最受在地人歡迎的店之一。光是看店內陳設還真

是乏善可陳，連老闆與老闆娘都超有個性，以一副「你應該懂規矩」的態度來招待客人，我們從下午五點開始用餐，不斷有人推門進來探頭問：「今天還有位置嗎？」老闆娘總是搖搖手說：「明天再來吧！」兩小時內就拒絕了二十組客人，生意好到直到深夜都沒有空位。

環顧四周幾乎都是在地人，翻開菜單，先來個人氣第一的海鮮明太子文字燒吧！另外加點泡菜、毛豆與起司。若是

你不熟悉點菜方式，老闆會一個個依序桌邊服務。記得，當所有食材都融合在一起時可別急著吃喔，等到底部微焦成鍋巴才是最美味的文字燒！用小鐵鏟挖一坨起來，一邊慢慢吹著、一邊小心翼翼地送入口中，才能體會月島文字燒的醍醐味啊！

朋友挑戰了自己製作月島文字燒，它和海鮮總匯文字燒的做法一樣，但嚼勁不同。四個人吃了兩份文字燒還不過癮，接著又來一份牛肉大阪燒，製作方法不同，嚼起來也別有風味。當然，鐵板料理一定要搭配啤酒才對味啦！

2

1. 餐廳位於日本東京最熱鬧的商業區中心，卻意外低調淳樸。
2. 老闆娘親自示範傳統文字燒做法。
3. 老闆超有個性，但小町的月島文字燒真的美味得沒話說。
4. 在一串尖叫聲中，我們總算是完成月島文字燒初體驗了。
5. 大阪燒製作方法完全不同，嚼起來的口感也大不相同。

3　4

5

つきしま小町
地址：東京都中央区月島3-20-4
電話：03-3531-1239
營業時間：11：30〜21：00

21

超人氣排隊名店
日本橋海鮮丼 つじ半

東京最古老商店街日本橋有許多日本生產好物老店，而隱身在日本歷史最久的高島屋百貨對面大樓中的日本橋海鮮丼 つじ半（TSUJIHAN），人潮絡繹不絕，甚至IG上還有「#日本橋海鮮丼 つじ半排隊一個半小時」的打卡紀錄，由此可見它的高人氣。

つじ半（TSUJIHAN）推出了讓人寧可排隊一個半小時也要吃到的極致奢侈美味：ぜいたく丼（贅沢丼），是Choyce心中的海鮮丼第一名！以香噴噴的日本米飯盛裝豪華海鮮，魚肉鮮甜，花枝Q彈爽口，還有在嘴裡美味炸裂的鮭魚卵，每一口都嘗得到多重口感。

整間店只賣海鮮丼，依照食材內容不同分成四種等級上菜，晚餐限定推出「特上套餐」，套餐裡的鮭魚卵與海膽，師傅都扎扎實實地秤重上桌，碗邊淋上50g的北海道鮭魚卵，頂上是20g的鮭魚卵，再疊上20g北海道海膽，讓人食指大動，捨不得放下筷子啊！

收尾的「鮮魚湯漬飯」加入精心熬煮的鮮魚高湯，再將作為前菜的「稚鰤魚生魚片」拌入，以新鮮囊荷、鴨兒芹點綴，手工現刨柚子末更添香氣，為這道美味大餐畫下了令人心滿意足的句點。

1. 撒上店內的黑七味粉，鮮魚湯漬飯的美味令人難忘。
2. 松套餐與特上套餐上的鮭魚卵與海膽，師傅都以足重分量上桌。
3. 店內都是吧枱座位，建議早點到現場排隊。
4. 隱身在奢華海鮮裡的海膽與鱈場蟹，讓人每一口都驚艷。

1

日本橋海鮮丼 つじ半
地址：東京都中央区日本橋 3-1-15 久栄ビル 1F
營業時間：週一～週日11：00～15：00、17：00～21：00，週六・日11：00～21：00

2

3

4

超美味炸牛排
牛カツ専門店
京都勝牛

來自日本關西的京都勝牛炸牛排，位於渋谷道玄坂的十字路口，是Choyce每次到渋谷都忍不住拐彎入內品嚐的定番美食。

中午時段提供980圓起跳的商業簡餐，經濟實惠，每一道餐點都是點餐後才入鍋製作，確保每次端到客人眼前都是最佳狀態。外皮薄酥、內層牛排軟嫩的炸牛排，比普通牛排口感更濕潤、更甜，佐上少許調味料，像是哇沙米、鹽巴、炸牛排醬等，層次更豐富。光是這一大盤上桌就讓排隊等候已久、期待感不斷升高的心情獲得大滿足。

店家也超大方，點炸牛排御膳定食，米飯與高麗菜都可無限供應。在將炸牛排送入口中的瞬間，高麗菜絲的甘甜更顯得炸牛排美味無比。此外大家不妨試試三分熟的炸牛排加上少許芥末，微辣的口感會讓肉質更甜、更好吃；如果你喜歡和風味，加上大量蘿蔔泥與細蔥絲，淋上柚子醋，口味也更清爽。京都炸牛排提供各種吃法，沾取炸牛排醬汁，是最多人推薦的吃法，鹹鹹甜甜的，很有京都風呢！

1. Choyce每到渋谷必定要造訪的定番美食。
2. 京都勝牛累積了長年經驗，穩定控制火候，在職人經驗加持下，一上桌就是最佳狀態。
3. 京都勝牛御膳套餐很講究，採用京都紅味噌湯、山藥泥等都是關西人的吃法。
4. 京都勝牛很重視飲食均衡，大口品嚐炸牛排的同時，大量蔬菜攝取也非常重要喔！

3

牛カツ専門店
京都勝牛
地址：東京都渋谷区道玄坂1-19-14センチュリー渋谷B1F
電話：03-3461-2983
營業時間：11：00～23：00，全年無休

4

日本親子丼創始名店
江戶路

日本橋人形町一帶推薦餐廳「江戶路」，它是日本親子丼創始名店，已傳承到第八代，光是看到午餐850圓、晚餐4000圓的價格就令人心動不已。

由於過了中午熱門用餐時段，免等候、免排隊，很快就能入內就座。我們坐在吧枱前，一邊欣賞老師傅在煙霧彌漫中烤肉的模樣，一邊期待著美食上桌！不能不說老牌名店在中午推出午間套餐超級誘人，對於想一睹老店風采又苦於預算有限的人來說，也算是一償宿願啊！

午餐推出的江戶路丼（950圓）是江戶路最受歡迎的招牌定食，包括雞肉丸串、蔥串燒、五花肉。把溫泉蛋搗破，讓濃稠香甜的卵黃占滿整碗丼飯，裹上蛋黃液的烤雞肉，不管是視覺或者味覺上都是一大享受，讓人一口接一口，停不下來。除了江戶路丼外，還有其他炸雞定食可供選擇，像是烤雞串套餐提供滿滿膠原蛋白的雞湯開胃，味噌湯也是讓人喝到碗底朝天的好味道。由於餐廳供應自製辣油，喜愛辣味如Choyce，自行調入一點唐辛子，烤雞串的美味瞬間提升了好幾倍。

江戶路擁有超過30種雞肉料理，其中超夯逸品就是炸雞皮，看起來像洋芋片，據說入口又酥又脆，可惜已經吃不下，我和好友摸摸吃撐的肚皮，相約下回還要再來挑戰晚餐！

1

1. 餐點還沒上桌前，香氣
   已經早一步傳到眼前，
   肚子裡的饞蟲早就咕嚕
   作響。
2. 傳承八代的老字號烤雞
   丼名店。
3. 超夯逸品炸雞皮，再配
   上兩杯啤酒更歡樂喔！
4. 燒烤雞肉再加上一點辣
   油，吃起來更帶勁呢！

2

3

4

江戶路
地址：東京都中央区日本橋人形町1-19-2
電話：03-3668-0018
營業時間：週一～週五11：20～13：
30、17：00～23：30，週六・週日11：
20～14：00、17：00～22：00
定休日：國定假日
www.edoji.com

東京懷石料理名店
玄菜壱上

新宿美食餐廳林立，在日本朋友介紹下，Choyce來到了一家低調的人氣名店「玄菜壱上」，它在美食網站上被稱為「神秘不為人知」的餐廳，深受外國人歡迎，也獲得許多名人球星愛戴！

這家店從大江戶線新宿西口站徒步一分鐘即可到達，服務人員都身穿和服，店內充滿了濃濃的復古風。Choyce堅持要坐在板前（前枱），就為了看師傅認真做料理的模樣，看著他對每一道料理都用心對待，感動油然生起，這就是日本職人的料理魂啊！

由於午餐比晚餐來得經濟實惠，推薦大家午餐時段前來，享用正統日本懷石料理（會席料理）。日本懷石料理的特點是視覺與味覺兼具，器皿擺設精緻，每道菜都有令人驚豔的口感。Choyce要大推店內炸物，天婦羅炸得極脆，麵皮薄、蝦肉新鮮，入口多汁不油膩，十分美味；店家採用日本富山縣出產的米，可是名牌保證呢！餐後招待的水果是西瓜，皮薄多汁，讓人吮指回味。

這一餐下來，只要2500圓就把江戶美食一網打盡，帶著滿滿的感動離去，也為東京之行留下了美好的回憶！

1　2

1. 比起午餐，晚餐的菜色與定價就高貴不少。

2. 光是前菜就讓人眼花撩亂，各種順序組合都能讓人驚豔。

3. 每一道料理都能看得見師傅的料理魂。

4. 江戶美食料理一字排開，讓人食指大動！

3

4

玄菜壱上
地址：東京都新宿区西新宿7-9-17 2F
電話：03-3369-5110
營業時間：11：30～23：00
定休日：週日與國定假日

米其林認證拉麵名店
味噌麵処 花道

這家位於東京隱密角落的拉麵名店，就在Choyce全家居遊的民宿附近，每天經過時，不管早晚，都有一群人頂著冷風在外頭排隊，心想離開東京前一定要吃上一回，終於在最後一天下午排隊等了半小時後順利入座。

店門口以破爛麵粉袋製作的門簾，簡單地寫著「味噌麵処 花道」。我們在售票機買食券時才赫然發現，它竟然是米其林一星推薦的拉麵店，沒想到在這樣一條普通的巷子裡，還有一間備受注目的米其林名店呢！

走進店裡，服務生熱情地招呼著客人，似乎對東張西望的生面孔早已習以為常，身旁也不乏西裝筆挺的上班族、身穿連身工作服的藍領階級，還有帶著孩子前來的主婦。這家店的招牌口味是味噌、辣味噌，價位就跟普通拉麵店一樣，我們點了辛味噌拉麵、招牌拉麵和肉醬拌麵，裡面有筍乾、厚片角煮、些許蔥絲，上桌後一股辛香氣襲來，讓人頓時胃口大開！它的麵條粗、湯頭濃，加入豆芽菜後口感更豐富。肉醬拌麵調味得恰到好處，上頭還有一顆生蛋，攪拌入內，更添濃郁滑順的風味。

1

1. 肉醬調味恰到好處，即使沒有湯汁，也很容易入口。

2. 購買票券後，就可以等待現煮拉麵上桌囉。

3. 誰會知道普通的一條巷子裡，竟然會有一間備受注目的米其林推薦名店呢？

4. 點了拉麵，還可享有每碗限量一份的加大蔬菜招待。

2

3

4

味噌麵処 花道

地址：東京都中野区野方6-23-12
營業時間：10：30～23：00
定休日：週二、除夕、新年
www.cc-lab.jp/hanamichi

道地江戶美食，天婦羅百年老舖
下町天丼秋光

下町天丼秋光於明治22年創業至今，已有150年的歷史。不只是東京，連香港、中國等地都設有分店，目標就是把日本江戶美食之一的天婦羅推廣到海內外。

由於秋光五代目的老闆堅持，店內每一樣食材都是產地嚴選，自信能讓每個刁嘴的客人都能帶著微笑離開。廚房則採用開放式設計，可以一目了然，光是那大油鍋就可一窺下町天丼秋光的歷史。

堅守百年老舖招牌的下町天丼秋光，大方地推出套餐特價，Choyce事先購買了特別票券，竟然只要半價3050圓就能入手，不過只限於早上10：30到11：30，以及下午3點到晚上8點（免電話預約），每天限制10組顧客入場。在下町美食激戰區，能找到如此好康的美食，是不是太美好啦！而套餐內容也是不讓人失望地物超所值：天婦羅五品炸物、穴子（鰻魚）一整尾、三尾炸蝦、稚鮎（香魚）一尾、茗荷、南瓜、香菇、生魚片前菜、新香（醃漬醬菜三品）、大碗日本米白飯、味噌湯。看到這麼大盤的兩人份天婦羅，連隔壁的台灣旅客都好奇地問：「這是什麼套餐？」

在日本，醬菜可說是夏天消暑良方，恰到好處的鹹度最是開胃，用糯米椒、茗荷炸過以後更顯甜味，加上Sapporo黑啤酒，真是令人大大滿足！當然，將現點現製的炸物速速送到肚子裡，就是表達對美食的最高敬意。

1. 豪快天婦羅特餐，超優惠價格嚇人不償命！
2. 江戶道地傳統美食，也果然不讓人失望地超值大滿足！
3. 淺草金龍山觀音寺旁，下町天丼秋光與一風堂排排站，但秋光受歡迎程度應可與博多一風堂一較高下。
4. 一人份開胃生魚片：鮪魚赤身、干貝，新鮮就是美味的保證！
5. 每當油鍋響起，芝麻油香味隨風遠傳，任誰都無法抵擋，自動乖乖在門口報到。

下町天丼秋光
地址：東京都台東区浅草 1 -26-5 ROX・3G 1F
電話：03-6231-7444

1

2　3

4

5

台灣也有分店的人氣燒烤
大阪燒肉・ホルモン ふたご

大阪燒肉遠近聞名，事實上在東京也能吃到大阪燒肉，就在渋谷鬧區，109百貨旁邊的中央通商店街。

你是不是跟我一樣，看到燒肉店有點怕怕，害怕自己動手烤肉，掌握不了火候反而浪費食材，不小心烤焦了又很嘔……大阪燒肉每間店都由專人協助燒烤與分裝給每一位顧客，不怕火候無法控制，更不用擔心手忙腳亂，可以輕鬆地喝酒聊天，等待美食上桌。此外它也貼心提供英語與中文菜單，現場更有懂中文的員工提供各種協助。

店內招牌菜「はみでるカルビ」上桌時還有個特別儀式，服務生會一邊喊著「はみでるカルビ來囉！」一邊把大塊肉放在爐中燒烤，整個場子頓時沸騰起來。

Choyce推薦必吃菜單之一：涼拌毛肚（牛的第二個胃），將它與辣醬攪拌後吃下肚，是去油解膩的清爽良方！當然吃燒肉不免要配啤酒，朋友點了蔓越莓優格沙瓦，沒想到這個奇怪組合還真好喝。

石鍋拌飯也是大阪燒肉的賣點之一，光是撲鼻而來的麻油香就能瞬間挑動

1

味蕾。用小鍋盛裝的濃郁牛骨湯，撒上蔥花，實在太美味了！牛喉管是大阪燒肉的另一道人氣料理，日本人把牛肉運用得徹底，充分調味後展現出令人驚豔的風味。

如果你不知道怎麼點餐，可選擇套餐組合（4000圓起跳，加1000圓就能飲料喝到飽，用餐限兩小時，飲料90分鐘以內），不管是單點或者套餐，最後都會送上優格飲品，Choyce特別喜愛店家採用冰凍石鍋送上的特製冰淇淋，上頭點綴了核果、爆米花與焦糖醬，冰冰涼涼、好爽口。

大阪燒肉・ホルモン ふたご 渋谷店
地址：東京都渋谷区宇田川町29-2
電話：03-3462-2515
營業時間：週一～週五 17：00～25：00，週六・日・例假日：17：00～24：00

1. 在東京也能吃到便宜又美味的大阪燒肉！
2. 比臉盆還要大的一片燒肉、四種吃法。
3. 走到門口，門內傳來濃濃烤肉香，讓人期待著美食上桌的心簡直就要跳起來。
4. 把每一盤餐點統統掃進肚子裡，包含各種酒精飲料與冰淇淋點心，居然才花4000圓/人，簡直就是太划算了啊！

新鮮美味、C/P值超高
美登利迴轉壽司

誰說一定要去築地市場才能嚐到新鮮的握壽司？如果不想起個大早，或是帶著孩子出遊根本就無法衝市場，沒關係！至少還有美登利。聲名遠播的美登利每天由料理長親至築地採購當日最新鮮的漁獲，供應最新鮮的美食，不僅食材新鮮美味，價格也十分實惠。

Choyce與好友在傍晚非熱門時段前往西武池袋美食街八樓的美登利（現場排隊），等候約45分鐘順利入店，兩個女生吃吃喝喝才花了3240圓，包含握壽司與湯品、甜點。而大隻的美味甜蝦兩隻一盤居然只要250圓！招牌湯品幾乎有一整隻大螃蟹的味噌湯，只要250圓。比起築地壽司名店相對來說物美價廉，更比台灣知名餐廳親民許多。

美登利壽司店有許多分店，每家用餐形式不同，許多造訪美登利壽司的都是熟門熟路的老饕，一坐下來就熟練地點餐。如果你不熟悉日文點餐方式，也可以直接在轉盤上拿取。

享用美登利壽司的秘訣是想吃什麼就拿什麼，事實上每一盤定價都十分合理，不會魚目混珠地採用劣質商品，看起來超豪華的壽司盤也以特優惠價格供應，從蝦膏到不輸給銀座老牌甜點店的甜點都讓人齒頰留香！最後我們以熊本阿部牧場牛乳加上青森美味鮮蛋的布丁收尾，淋上一點黑糖蜜，品嚐樸實簡單的美味。

1

2

1. 新鮮美味、食材特大豪爽不囉唆，最重要的是，價格可以輕輕鬆鬆入手。
2. 無法衝築地市場嚐鮮？沒關係，我們還有美登利啊！
3. 大排長龍的人氣美食壽司店。
4. 大口吃下肚讓人齒頰留香，味道甜滋滋。

3

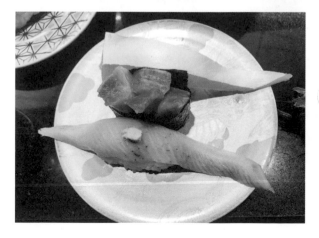

4

美登利迴轉壽司 西武池袋店
地址：東京都豐島區南池袋1-28-1（西武池袋本店8Ｆ）
電話：03-6914-1185
營業時間：週一到週五11：00～23：00，週六、週日與國定假日10：30～23：00
www.katumidori.co.jp/ikebukuro

隱身新宿大樓的町家和食
京町戀時雨 新宿本館

京都是日本最受歡迎的觀光勝地，不只外國人憧憬，就連日本人也熱愛京都這個千年古都，而位於熙來攘往的新宿東口附近，有家「京町戀時雨 新宿本館」（京町恋しぐれ 新宿本館）正是東京人品味京都的美食聖地。當Choyce在myorder網站上發現這間店時，立刻揪團前去朝聖！

當Choyce走進餐廳時嚇了一跳，居然有鳥居、小神社，還可以抽籤、寫繪馬祈福，用餐的座位就像是京都鴨川納涼席一樣，可以一邊伴著潺潺水聲，一邊享受町家和食。

每回Choyce在部落格分享日本美食，粉絲們總不免抱怨：「為什麼我們去一樣的餐廳，吃到的菜色跟妳差這麼多？」原來，他們不懂日語，所以看不懂菜單，但走進「京町戀時雨」不用擔心與店員雞同鴨講，只要表明自己是外國人，服務人員就會請你在手機登入myorder餐廳系統，透過網頁翻譯系統將日文菜名轉成中文，完成點餐程序。

京町戀時雨 新宿本館餐點色香味俱全，令人心情愉悅，點餐完畢，服務人員還會笑容可掬地說：「おおきに」（京都方言的「謝謝」），果然是京都風格。Choyce熱愛京都番菜和精緻的懷石料理，特別推薦吃完牛腸鍋後點一份麵條，是最好的醒酒配方。

倘若你也想要享受不貴又道地的京都和食，一定要提早預約喔！這裡的餐點價格都算平實，每個人的桌費（お通し）500圓，我們一行人喝了好多酒加上大啖美食，平均每個人花費不到5000圓。結帳時服務人員笑吟吟地送上外國人限定的小禮物——椿花扇子，也是意外的驚喜！

1

2

3

4

1. 從JR新宿東口走路約五分鐘，或搭乘地下鐵在新宿站下車，很快就能找到位於五樓的餐廳。
2. 不用比手畫腳，也不用擔心點餐失敗，myorder為你我搭起美食的橋梁。
3. 這兒好吃好玩，還有神社鳥居耶！
4. 用餐的座位就像是京都鴨川納涼床一樣，伴著潺潺水聲，可以一邊享受町家和食。

 京町戀時雨 新宿本館
地址：東京都新宿区新宿3-27-10 武蔵野会館6F
營業時間：週一・週日17：00～23：00、週二17：00～23：30、週三～週六17：00～04：00
電話：050-7302-4589
https://www.kyoumachi-shinjuku.com

平價美食吃到飽
涮涮鍋DON亭

在當地人帶路下，Choyce走進了池袋一家令人耳目一新的吃到飽火鍋店涮涮鍋DON亭（しゃぶしゃぶ すき焼 どん亭），它位在傳說中大排長龍的無敵家拉麵對面大樓裡，只要搭電梯到二樓，頓時別有洞天。

涮涮鍋DON亭（しゃぶしゃぶ すき焼 どん亭）是家超值划算的火鍋店，不僅肉品精緻美味，湯頭多變化，就連青菜也是貼心大放送（要知道在日本餐廳裡能吃到青菜真的難如登天啊）。火鍋吃到飽則提供2990圓超值特惠價格，有熟成沙朗牛、豬里肌、特選沙朗牛肉片等，青菜盤與主餐

（白飯、麵條）無限供應，是日本上班族補充元氣的好去處。

日本很多火鍋店都要求至少兩人起鍋，倘若午餐只想吃個七分飽，那就選擇定食套餐吧！一人份就能開鍋。午間套餐價格1290圓起（可選擇壽喜鍋或者涮涮鍋），加價還可以享用水果甜點吧。如果點了定食不過癮，也能以超值價格追加肉片（豬里肌肉盤390圓、熟成沙朗牛盤490圓、日本黑毛和牛肉片盤只要1590圓），主餐可選擇白飯或者加點握壽司，或是家庭套餐（三到四人）只要5790圓，這比在台灣吃火鍋還便宜啊！

1

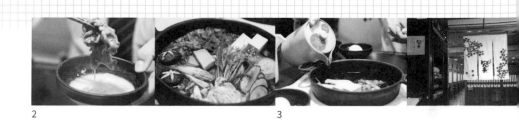

2　　　　　　　　　　　　3

日本人對壽喜鍋的熱愛程度實在令人難以想像，最近也很盛行雙鍋底喔！涮涮鍋DON亭採用正統四川麻辣湯底（不是死鹹的麻辣），另外一頭則是清爽的昆布湯底，一次擁有雙重享受。

如果想奢侈一點，吃到飽方案是一人2990圓（兩小時用餐時間），肉品（特選沙朗牛、豬里肌肉、去骨短肋骨、熟成沙朗牛）和青菜無限供應；如果想要換湯底，每人只要加收480圓，這在東京真的是佛心價格啊！

Choyce造訪過這家店好幾次，偏愛壽喜鍋，它的吃法也很講究喔！首先在壽喜鍋內抹上牛脂肪，把油脂融化後，鋪上熟成牛肉片，輕輕烤到五分熟後加入其他食材，淋上特製壽喜醬汁，然後依序鋪上各種蔬菜，再放上肉片一同煮。最後非得要有一味才是真正道地壽喜鍋，那就是把煮好的肉片裹上蛋汁，可以中和壽喜燒醬汁的鹹度，口感更香甜。

煮火鍋也要講究擺盤，這是日本人的堅持，如果亂擺盤的話，服務人員可是很快就會出手相救。最後強力推薦招牌烏龍麵，麵條Q彈，吸飽湯汁後更是美味無比，飽足感十足。

涮涮鍋DON亭　池袋東口店
地址：東京都豊島区南池袋1-16-18フェイス池袋2F
電話：03-3984-1808
營業時間：午餐 11：00〜16：00、晚餐 16：00〜24：00
全年無休
www.don-tei.jp

1.日本朋友帶路的東京美食大推薦！
2.把煮好的肉片裹上蛋汁，更溫和更香甜，也更容易入口。
3.淋上特製壽喜醬汁，比市售醬油要美味許多。
4.日本人對壽喜鍋熱愛程度難以想像，但最近也很盛行雙鍋底喔！

4

不用去韓國也能品嚐道地韓味
ハヌリ（HANURI）

位於新宿的HANURI是Choyce的東京美食口袋名單之一，身為東京人的好友第一次嘗試這家韓國料理，也忍不住大讚：「歐以西！」

穿過新宿歌舞伎町，往「哥吉拉通」走去，就是傳說中道地韓國人經營的韓國料理「HANURI」。來到這裡必點的厚片豬五花肉燒烤特餐，每日限量供應，1380圓。餐盤中200ｇ的厚片豬肉，是老闆每天早上到築地市場採購而來的正宗日本產活體豬肉，Choyce與好友都吃得欲罷不能。

老闆堅持採用櫪木縣產豬肉，而非進口營業用低價豬肉，就是希望能讓顧客享受到和豬的美味。厚達5公分的三層肉，其實是經過熟成手續，讓肉品更甜美。為何要用這麼大塊肉呢？因為豬肉要全熟才能下肚，但全熟豬肉很容易過了火頭而變得乾硬。豬肉切太薄，很容易烤得太硬，燒烤後才切片，輕輕炙燒表面後就能上桌。

媽媽們親手現醃製的自家泡菜，是韓國人的無敵家鄉味。HANURI的泡菜也是店主親手製作的泡菜，百分之百手工製造，許多在日韓國人都會前來一解鄉愁。

在韓國料理中不可或缺的雞湯添加了許多蒜頭與大蔥，與其他用大骨粉調製的濁白色湯頭不一樣，不添加任何人工調味，放入烏龍麵更美味，讓Choyce忍不住一連喝了三、四碗！

1   2

歐巴店長特別推薦韓式冷麵，口味清爽又不怕吃得全身
大汗。雖然是涼麵，卻加入大量蔬菜、韓式甜辣醬，入
口香甜。而Choyce最愛的韓式豆腐辣湯鍋，豆腐又滑又
嫩，加上布滿起司的海鮮煎餅，吃再多都不會膩。

當然，享用韓國料理一定要搭配韓國瑪可利（マごり）
濁米酒，這一餐吃得真是奢侈又滿足。

3

1. 經典招牌菜：厚片五花肉
   燒烤後才切片，輕輕炙燒
   表面後就能上桌。
2. 喝雞湯補身，只要身體充
   滿能量就不怕早晚溫差變
   化大。
3. 附贈「包蔬菜・烤泡菜・
   伴蔥・胡麻鹽佐醬」，還
   是歐巴親自桌邊服務啊！
4. 韓味代表之一：チヂミ海
   鮮煎餅，讓人愛不釋口，
   吮指回味再三。

HANURI
營業時間：週一～週六12：
00～隔天05：00，週六
12：00～隔天05：00，週
日・國定假日12：00～23：
00，週日・國定假日前一天
12：00～隔天05：00
全年無休
www.hanuri.jp

4

銀座巷弄裡的職人咖啡
カフェ・ド・ランブル

銀座是世界首屈一指的時尚潮流指標，聚集了來自紐約、巴黎的名牌潮流旗艦店。相較於各國觀光客經常穿梭來去的大街，Choyce卻喜歡在大街小巷中尋找道地的東京老味道。

說起這間位於繁華銀座巷弄，樸素毫不起眼、煙囪老是冒著煙、散發焦香味的カフェ・ド・ランブル（CAFE DE LAMBRE），可是起源自西元1945年的老店。創社的關口一郎先生因工作需要經常接待來自世界各國的訪客，他用自己烘焙的手沖咖啡接待客人，也因此成為朋友與往來客戶之間口耳相傳的咖啡達人，大家都暱稱他的咖啡為「梁山伯咖啡」。後來，在粉絲們的催促之下，關口一郎於1948年在西銀座設立「珈琲だけの店」，之後又搬遷到現址，這是一間自己烘焙咖啡豆、完全手沖的咖啡專賣店。店內布置具有濃濃的昭和風，迄今還有投幣式電話、傳統磅秤，每個細節都刻畫著歲月的痕跡，獨一無二，讓人著迷！

Choyce每每來到這裡，總要點一杯820圓的「琥珀的女王」，像甜點一樣的冰咖啡。它從手沖咖啡開始，放入銅鍋再加入砂糖調和，接著放入冷凍庫快速冷卻，最後倒入高腳杯中，緩緩

2

1

1. 隱身銀座巷弄間，只賣咖啡的咖啡店。

2. 關口先生堅守在「珈琲だけの店」烘焙機前，一顆顆親手烘焙著。

3. 職人現泡，一杯像甜點一樣的咖啡。

4. 絕無分店、獨一無二的CAFE DE LAMBRE，著實令人著迷。

加入無糖煉乳（不要攪拌喔）。這是一杯要花上十分鐘精心調製的功夫特調咖啡，味道香醇，是店內人氣第一也最受女性歡迎的單品。

門口掛著「Perfect own roast hand drip」招牌的珈琲だけの店，五十多年來一直佇立在銀座八丁目，還沒走到門口就先聞到咖啡烘焙香，喚醒了每個渴望咖啡因的靈魂，往往淺嚐一口，就有回到家的熟悉與感動。

來到店裡絕對不能錯過的，還有關口一郎親手烘焙的咖啡豆。店內員工推薦Kenya、Tanzania以及嚴選咖啡豆，100g售價約870圓~1000圓不等。六十多年來，關口一郎堅持天天守在烘焙機前，用新鮮生豆依照火候烘焙出不同口感的咖啡。每一批豆子他都仔細比對，甚至一顆一顆確認之後才點頭出貨。或許就是這種「一生懸命」的執著，讓當地人從年輕喝到老，拄著拐杖也要來一杯。

2017年關口一郎以104歲高齡去世，但他守護近70年的咖啡職人精神，相信將永遠傳承下去。

カフェ・ド・ランブル
地址：東京都中央区銀座8-10-15
電話：03-3571-1551
www.cafedelambre.com

3　4

銀座人口耳相傳的好味道
銀座みゆき館
Galerie Cafe Le Grand

Choyce很愛造訪位於東銀座的銀座みゆき館（Galerie Cafe Le Grand），尤其是入秋以後，熊本和栗上市，在此能享受到美味可口的蒙布朗蛋糕。走進店裡，是老派的昭和風裝潢，紅磚地板、帶點華麗又復古的擺設，讓整間店充滿濃濃新藝術風格（Art Nouveau）；它1890～1910年代盛行於歐洲，在英國、法國、比利時等地蔚為流行，這股風潮也吹進了日本，成為當時的建築風格主流。環顧店內四周，多數是舉止優雅、低聲談笑，穿著與談吐都顯現上流社會氣質的仕女與紳士，消費年齡層明顯稍微高一點。

多數人和Choyce一樣，都是為了熊本和栗製造的蒙布朗栗子蛋糕慕名而來，它一年銷售20萬個，如此驚人的數量也是日本數一數二！到底蒙布朗味道如何？就讓「蒙布朗控」Choyce來鑑定一下：它的味道不甜不膩，帶著栗子皮卻不苦澀，底下不是海綿蛋糕，而是以蛋白霜為基底，內層藏著奶油也不馬虎，果然高人氣不是浪得虛名。

2　3

1152圓的套餐組合有咖啡或紅茶，加上蛋糕任選。咖啡香醇，小壺裡約有兩杯分量，建議一杯單獨喝，另外一杯加上鮮奶，品嚐不同風味。

儘管銀座みゆき館復古的外觀與銀座的時尚繁華氛圍有些格格不入，卻是銀座人堅持的道地好味道，1152圓就能換來身心大滿足，是「銀座派」必訪景點！

1.外觀與時尚潮流明顯不同調，但是甜點與咖啡都是難得的好味道。
2.咖啡香氣酸澀都相當均衡，身為咖啡控絕對不能錯過。
3.咖啡館內充滿富裕裝飾風的濃濃新藝術風格。
4.九月一日以後熊本產新栗上市，和栗モンブラン也加倍美味。

銀座みゆき館
Galerie Cafe Le Grand
地址：東京都中央区銀座5-10-1プリンスビル 1F
電話：03-3289-1551
營業時間：週一～週五9：00～23：30，週六・日・假日12：00～23：30
定休日：不一定

4

文青潮人必訪
藍瓶咖啡

在東京，由老屋改造而成的新興咖啡店，以清澄白河的Blue Bottle（藍瓶咖啡）為代表，它甚至帶動了整個地區的繁榮。

總公司在美國加州奧蘭多的藍瓶咖啡，空間寬敞，加上簡約的工業風設計，讓日常生活受限於狹窄空間的日本人感到格外放鬆。

藍瓶咖啡供應現煮咖啡，分為機器沖泡的濃縮咖啡和人工手沖咖啡。手沖咖啡價格較高，但顧客依然趨之若鶩呢！Choyce點選了濾掛手沖本日咖啡，可能是平常喝慣濃縮咖啡，有些不習慣它的口感。除了各種咖啡外，店裡還提供無咖啡飲品：熱可可、果汁、礦泉水，以及鬆餅、餅乾等輕食。

來店喝咖啡的人往往也會順手把藍瓶咖啡豆帶回家，分為Single Origin豆（從生產到烘焙製作都來自單一來源）以及Blend豆（非單一來源），Single Origin硬是比其他咖啡豆貴上兩成，但也是店內銷售最好的人氣商品之一。

咖啡是非常主觀的食物，藍瓶咖啡不只是一杯咖啡，更是喝出一種生活態度，這也是它在日本大受好評的原因吧！

1

2

藍瓶咖啡 清澄白河店
地址：東京都江東区平野 1-4-8
營業時間：週一～週日8：00～19：00
www.bluebottlecoffee.jp/cafes/kiyosumi

3　4

1.喝一杯咖啡，不只是補充咖啡因，更是一種潮生活的表現。

2.進店內前先乖乖排隊，等候工作人員依序安排入店內採購咖啡豆與點選咖啡。

3.簡約工業倉庫風，裸露不遮掩的層架上，看得到一包包原豆。

4.來店喝咖啡也會順手把馬克杯帶回家。

客製化的京都冰淇淋名店
ハンデルスベーゲン

首度上京開店的京都ハンデルスベーゲン冰淇淋（HANDELS VAGEN）位於日本最高級的銀座黃金地段，消費單價卻不高，用料實在更是亮點，抹茶冰淇淋用的是宇治抹茶喔！

每一位顧客點完花色冰淇淋之後，甜點師傅會現場調製各種配料，就連餅乾杯都是現場全程手工製作，確保衛生與美味不打折，而且接受客製化點餐，加入你想要的配料。

不管是一年四季或感恩節、萬聖節、聖誕節……等節慶日，店裡都會推出應景商品，而你想要的口味，HANDELS VAGEN銀座店都幫你想到了！像是萬聖節的南瓜、百吃不厭的栗子、紫色地瓜，還有各種水果，店家把這些食材統統加入冰淇淋中。它們不只做冰淇淋，更把冰淇淋當作美食饗宴的舞台，不斷推陳出新，提供了味覺與視覺的盛宴。

Choyce與好友一起受邀進入HANDELS VAGEN銀座店品嚐美味冰淇淋，並且親眼看到冰淇淋真材實料的製作過程，感動之餘，也佩服他們的真心用料才能被挑嘴的東京人認可，不愧是京都的高級冰淇淋店。

Choyce點了秋天豐收的蘋果＋紫色地瓜＋南瓜與榛果口味，是最接近秋天的美麗顏色。原味冰淇淋簡單樸實，特調冰淇淋口感豐富又多層次，不管是以原味決勝負，或加上果醬與果乾調味，這三種高貴不貴的美味冰品都令人品嚐之後，嘴角忍不住揚起微笑！

1

2

1. 原味簡單樸實，特調豐富又多層次，這三種美味冰品大大療癒旅程中的疲累啊！
2. HANDELS VAGEN 銀座店一舉成為銀座超人氣夯店。
3. 師傅接受客製化點餐，可加入想要的配料，並現場調製。
4. 京都最美味代表：抹茶冰淇淋！

3

 ハンデルスベーゲン

地址：東京都豊島区西池袋1-1-25 東武百貨店池袋店 プラザ館B1F
電話：03-6907-3505
營業時間：週一～週六10：00～21：00，週日・假日10：00～20：00
全年無休
www.handelsvagen.com/ikebukkuro

4

人氣一番美味鬆餅
bills

東京表參道是世界知名潮流聖地之一，位於表參道交叉路口知名地標的Tokyo Plaza表參道，則是相當受矚目也廣受外國人歡迎的名所。來自澳洲的bills一開店就排滿了長長的人龍，直到閉店前都有源源不絕的顧客在等候，通常要排上兩、三小時才得以入座，最受歡迎的鬆軟起司香蕉厚鬆餅，更是必點的人氣商品。

Choyce造訪過這裡幾次都是先去其他餐廳用餐，把肚子塞飽了，才來排隊吃鬆餅。它的鬆餅烤得不甜不膩，連不愛甜食的人都愛不釋手。我與朋友點了一份

遠近馳名的Ricotta鬆餅，看到現製鬆餅鬆軟上桌，上頭Ricotta起司隨著溫度融化，不用淋上蜂蜜或楓糖漿就很迷人！此外我們也點了服務人員推薦必吃經典甜點「Pavlova」，果然讓人驚嘆連連！蛋白霜烤得酥脆又美味，嚐起來有核果的嚼勁、奶油的綿密、覆盆莓果醬的酸甜，多種口感交融一起，形成難忘的好滋味。

bills表參道店店內座位多，也不限制用餐時間，加上整個牆面都是書，提供了舒適的用餐環境，很適合在這裡消磨一個下午的時光。店裡還銷售Ricotta起司維

1

 2   3

 4

妙維肖的手機吊飾，行銷創意滿點，難怪造成大排長龍的盛況。

bills在東京有台場、鎌倉、二子玉川、橫濱等分店，如果不想要人擠人的話，其他分店也是不錯的選擇喔！

🍴 **bills 表参道店**
地址：東京都渋谷区神宮前4-30-3
（東急プラザ表参道原宿7F）
www.bills-jp.net

1. 人潮絡繹不絕，從年頭到年尾始終一位難求。
2. 只要撒上糖霜、一些香蕉與Ricotta，就是名聞遐邇的美味鬆餅。
3. 服務人員推薦經典必吃甜點「Pavlova」蛋白霜。
4. 想坐多久就坐多久，但門口不間斷的排隊人潮正眼巴巴等候著呢。
5. 位於Tokyo Plaza表参道七樓，記得bills要從側邊電梯直上餐廳喔！

5

法國精品奶油老舖旗下名店
Echire Maison du Beurre
東京丸之內店

三井集團旗下百貨商場 Brick Square有一間相當受歡迎的甜點店
Echire Maison du Beurre，它是法國精品奶油老舖Echire在日本唯
二的兩間門市，早上10點營業，9點就開始有人在門口有秩序
地排隊。店裡沒有座位也不供餐，只能外帶麵包與蛋糕餅乾，
儘管如此，依然吸引人們大排長龍，還不到中午，每天推出的
限量餅乾就被搶購一空。

走進店內，不斷現烤出爐的可頌，很容易讓人理智斷了線。瑪
德蓮、費南雪、可頌以艾許奶油製作，還細心分類為減油、減
糖的選擇，趁熱吃最美味。從可頌到不甜不膩的蘋果派、售價
2200圓的棉花糖，沒有一個是地雷，統統都是吃了還想再吃的
極品美食。

店內還販售一個個精巧可愛的托特包，每個售價2200圓不等，
也是除了食品外，很受歡迎的人氣商品。

Echire Maison du Beurre 東京丸之內店
地址：東京都千代田区丸の内2-6-1 丸の内ブリックスクエア 1F
電話：03-6269-9840
營業時間：10：00〜20：00，全年無休
www.kataoka.com/echire/maisondubeurre

1

Eclair Chocolat
エクレール・ショコラ

ほんのりほろ苦のパティ
シエール・ショコラをぎゅっ
と詰めました、より大人の
味わいへ。

本体価格 ¥350
<税込 ¥378>

2
3
4

1. 三井美術館前廣場旁，就是最受歡迎的艾許奶油專賣店。
2. 冷藏櫃中的蛋糕類也別錯過，這可是統統以艾許奶油製作的。
3. 費南雪可是極品，也是Choyce家廣受好評的夢幻逸品。
4. 濃烈誘人的艾許奶油香，簡直就是一試難忘的罪惡美食深淵。

Pain aux Raisins et aux Pistaches
パン・オ・レザン・エ・オ・ピスタシュ

Mille-Feuilles
ミルフィーユ

本体価格 ¥800
<税込 ¥864>

懷念的傳統刨冰
浅草茶蔵

離淺草晴空塔這個東京超人氣地標不遠，在雷門商店街附近有一間很有日本特色的咖啡店，吸引了Choyce忍不住入內一探究竟。到底裡面有什麼玄機？原來是販售日本少數僅存的山梨縣八之岳天然冰。天然冰與其他工廠製作的冰塊不一樣，細緻又耐久，不容易融化，因而成為高價難入手的夢幻冰品；想要品嚐天然冰，通常要到高級料亭才有機會遇到，而且還作成刨冰，真是讓人意外呢！

浅草茶蔵的店內裝潢很特別，環顧四周，使用了各種浮世繪、紙傘、掛畫……等布置，充滿日本傳統特色，店內還有小房間，可供一群人圍著方桌享用點心。浅草茶蔵老闆同時也經營隔壁的日本雜貨舖，店裡販售小巧可愛的日本商品，一樣讓人愛不釋手！

浅草茶蔵全年供應抹茶刨冰與抹茶霜淇淋，是該店的招牌之一，店家大手筆地把靜岡名牌抹茶撒在抹茶霜淇淋上頭，霜淇淋的甜味與抹茶的苦澀巧妙結合，更添美味。抹茶拿鐵也是採用靜岡抹茶製作，產地來源講究，讓人可以安心享用。但最讓人期待的還是抹茶刨冰，上桌後立刻吸引眾人圍上前拍照，連拍了10分鐘都還能維持原樣，果然名不虛傳。

1

2

1. 店內招牌甜點之一——抹茶霜淇淋。
2. 若多人一同造訪，店內還有小房間，可以圍著方桌享用點心，交流情誼的代價，免費！
3. 店家就位於淺草商店街人氣景點「白浪五人男」的人偶塑像旁邊。
4. 逛街累了就來淺草茶蔵喝杯咖啡或吃一枝冰淇淋，休息一下再出發。

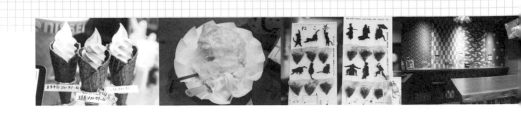

你或許跟Choyce一樣好奇：刨冰為何要加上吸管與湯匙？這是因為天然冰取得來源不易，插上吸管，把最後剩下的每一滴天然冰都留在肚子裡，也是浅草茶蔵的創新做法。

多國語言看板說明了這裡是外國旅客經常造訪的景點。此外，花梨糖也是人氣商品，可當作伴手禮。浅草茶蔵精緻的日本和食舖、日本雜貨，還有美味冰品，為淺草觀光添加不少有趣元素，下次逛街逛累了，不妨來這裡休息一下再出發吧！

浅草茶蔵
地址：東京都台東区淺草 2-2-2
營業時間：10：30～18：30

3

4

奇幻色彩包圍的主題咖啡店
kawaii monster cafe harajuku

位於原宿表參道，Tokyu Plaza東急廣場旁有一間相當特別、廣受外國人歡迎的主題餐廳KAWAII MONSTER CAFE，這裡天天都有不一樣的活動。策劃這家餐廳的增田塞巴斯蒂安（Sebastian Masuda）是原宿代表歌姬卡莉怪妞的MV製作人，因此店內到處都是會令卡莉怪妞粉絲欣喜不已的豔麗風格。

Choyce趁著週二「藝伎主題日」前來，走到4樓的店裡才發現，這裡跟原本想像的不一樣！原本以為「藝伎之夜」應該是像京都花見小路一般，典雅高貴又拘謹呢！沒想到卻是充滿斑斕色彩的可愛風裝潢，還有大蘑菇與特大八爪章魚，好像走進《愛麗絲奇遇記》世界般，讓人目不暇給。

藝伎表演每半小時一場，穿著藝伎服裝的舞者帶著一點妖嬈嫵媚，打扮也像藝伎，但跳起充滿特別風情的舞蹈，讓人大開眼界。當天小孩子也可以入場，但比起親子同樂，似乎更適合年輕朋友們一起相約來此慶生開趴。

餐點另外付費點選，我們點了彩色橡皮筋拼成一起的調色盤的義大利麵，一旁有五種醬料（番茄醬、芥末醬、南瓜醬等），出人意料地美味。愛心馬卡龍餅皮內夾著美味冰淇淋，搭配色彩鮮豔的蠟筆蛋糕，非常有特色。

KAWAII MONSTER CAFE
地址：東京都渋谷区神宮前4丁目31-10 YMスクエア4F
電話：03-5413-6142
營業時間：午餐11：30～16：30、晚餐18：00～22：30
定休日：無
www.kawaiimonster.jp

1

2

3　4

5

1.餐點與布置裝潢都讓人大大意外呢。

2.充滿奇幻色彩的主題咖啡廳，顛覆你
　對日本藝伎的傳統印象。

3.走到四樓才發現，這裡跟我們想像中
　的世界完全不一樣！

4.入目的五顏六色讓人眼花撩亂，驚嘆
　連連。

5.現場餐點非常有特色，很適合ＩＧ打
　卡用，但重點是，也很美味喔！

甜點控的美食天堂
ぐりこ・や Kitchen

對Choyce來說，東京車站根本就是間超大百貨公司！除了兩旁的大丸百貨與Kitte之外，光是車站裡有吃有玩有買就逛不完。

東京車站八重洲出口緊鄰著東京一番街，裡頭有拉麵街、動漫街、玩具街，也是最容易讓荷包君失守的地方。而最讓Choyce失心瘋的絕對是甜點啊！由於ぐりこ・や Kitchen（Glico江崎企業）、森永、Calbee三大巨頭進駐，也讓東京車站一番街的甜點大戰進入白熱化。

ぐりこ・や Kitchen 販賣首都圈限定的「東京文字燒」口味的鹹餅乾Pretz，光是看外盒就快要流口水了。Choyce非推薦不可的是全日本僅有東京車站才吃得到的現做巧克力甜筒！顧客下單後才開始生產。看著工作人員先在大碗中加入Glico巧克力醬，再加入進口生奶油，充分攪拌混合（長達五分多鐘）才裝進擠花袋裡，填入甜筒杯，最後插入一根Glico榛果巧克力棒，就大功告成啦！這麼費時費工的巧克力甜筒只要210圓，甜

而不膩，吃得到巧克力的濃稠與生奶油的香醇！購買阪神版Pretz隨盒附贈阪神明星球員公仔，一共十種，想要抽到支持的球星可要多些運氣呢！

東京車站菓子樂園有許多限定銷售商品，像是焦糖果仁、巧克力果乾、北海道牛奶製作的Glico豪華版布丁、杏仁巧克力等，一般市面上找不到的特定商品，這裡都有喔。高人氣的彩色巧克力棒共有五種限定口味：抹茶、葡萄、哈密瓜、巧克力、白巧克力，可以一次享用！此外，在ぐりこ・や Kitchen Glico甜點屋購買商品都能用限定包裝袋帶回家喔！

2

ぐりこ・や Kitchen 東京車站
www.tokyoeki-1bangai.co.jp/street/okashi

3

1.店家不定時推出各種話題商品，下回到東京車站時，一定要來逛逛！
2.現點才現做的限定版超強巧克力甜筒，香濃好吃。
3.一般市面上找不到的夢幻逸品，只有在這裡才有喔。
4.Kirin檸檬奶茶＋Glico檸檬巧克力棒，組合價只要360圓。
5.北海道牛奶製作的Glico豪華版布丁，也只在東京車站銷售。

4　5

四國名物
芋屋金次郎

四國高知地區盛產地瓜（日文稱芋），頗負盛名，而日本橋室町COREDO有一間來自四國的超人氣店「芋屋金次郎」，每天販售現場製作的點心，近年來在東京掀起了一股熱潮，最夯時期要排隊好幾小時才買得到喔！

Choyce熱愛炸地瓜條，每回到日本總會在便利商店買一包地瓜條。芋屋金次郎的炸地瓜條，保證是極品中的極品（價格也比市售地瓜條貴上不少），它僅使用三種原料：橄欖油、地瓜與砂糖就製作出全日本人都瘋狂的美味日式點心！現場有開放式廚房，可看見工作人員將油炸後的地瓜瀝去多餘油分，裹上砂糖

現炒的焦糖，調入不同配方，變成芝麻地瓜條、黑糖地瓜條等，但Choyce還是偏愛它原味不經修飾的味道。將炸地瓜條切薄片，就像洋芋片一樣可口，很涮嘴。小心！你會一片接一片，停不下來喔！由於地瓜條不放防腐劑，建議趁新鮮食用，放久了可能軟化影響口感。除了現炸地瓜，芋屋金次郎也銷售各種地瓜相關產品，像是冷凍地瓜、布丁等，送禮體面又大方！

1

2

3

1. 地瓜薄片很涮嘴，要小心會吃上癮！

2. 炸地瓜條可調入不同配方，變成芝麻地瓜條、黑糖地瓜條等等，不同配方讓地瓜條更加分。

3. 巧克力地瓜條是冬天限定商品，天氣稍熱一點，就容易融化喔！

4. 每天新鮮現場製作，是目前超夯的日本超人氣零食。

5. 東京人氣美食：新鮮橄欖油現炸地瓜條，讓人一吃就立刻愛上。

4

芋屋金次郎
地址：東京都中央区日本橋室町2-3-1コレド室町2 1F
電話：03-3277-6027
營業時間：10：00～21：00
全年無休
www.imokin.co.jp

5

無敵可愛的手工餅乾店
henteco

Choyce前不久在東京造訪了一間超人氣冰盒餅乾店「henteco」，據說一天限量推出40片，開店前2小時就一掃而空，假日更誇張，沒預訂根本買不到！

這間位於品川戶越銀座商店街上的手工餅乾店「henteco」，每天推出各種手作創意動物餅乾，成為時下年輕人的打卡熱點；店面小巧玲瓏，卻是每逢假日就大排長龍。這家店有幾項堅持：只使用北海道產小麥粉、北海道產的發酵無鹽奶油，少部分商品使用無鋁泡打粉，完全不使用穩定劑與食品添加劑。每份餅乾都是單獨包裝，保存期限也超短，只能存放兩、三天，拆開後要盡快食用完畢，若是常溫下放太久會導致品質劣化喔！由於這裡的手工餅乾現場製作，看得到每個流程，讓人十分安心。不只是麵粉堅持採用北海道產，就連動物們身上的裝飾也統統採用日本產原料，入口即可感受到濃濃奶香與天然好滋味。雖然店家嚴守生產規則造成價格居高不下（每個售價約400〜500圓），消費者也以實際行動支持。

看到這些造型可愛精緻的動物餅乾，實在令人捨不得吃啊！

店內還有和紙膠帶與繪本等周邊商品，喜歡手作餅乾的朋友走進店裡，絕對會少女心瞬間大噴發！

1

1. 把惟妙惟肖的可愛動物餅乾裝成精緻禮品，但收到禮物的人大概會捨不得吃掉吧?!

2. 手作創意裝飾餅乾，是不是可愛到爆炸！

3. 每份餅乾都單獨包裝，拆開後要盡快食用完畢，若是放太久，會導致品質劣化喔！

4. 各種各樣的餅乾排排站，是不是讓人渴望得想統統帶回家?!

henteco
地址：東京都品川区豊町1-4-12
電話：03-6426-7753
營業時間：11：00〜19：00
定休日：週一・週二以及不定休
www.hen-teco.jp

2

3　4

老饕推薦必吃
元祖明太煮沾麵

日本麵食文化盛行，沾麵是相當受歡迎的國民美食，而東京池袋可說是沾麵激戰區，Choyce在日本朋友帶路之下，來到池袋車站附近的明太煮沾麵，品嚐在博多一試就念念不忘的好味道。

日本僅有兩間的明太煮沾麵，位於全世界最熱鬧繁忙的池袋車站旁，店內以木頭原色布置裝潢，座位數多，即使用餐尖峰時段前來也不用等太久。

一踏入店內先選擇想要的辣度，從不辣、小辣、中辣、大辣、超辣都有，隨個人口味調整。點餐後才客製化製作沾麵，重口味愛吃辣的Choyce選擇了「中旨辛」。中旨辛的辣椒約一匙分量，盛在一小片法國麵包上，與加點的叉燒、半熟蛋一起上桌。這裡的叉燒是日本少見的厚片叉燒，醬汁鹹鹹甜甜的，好軟嫩。

1

吃明太煮沾麵可是有學問的，不妨仔細看說明：沾麵湯汁濃稠，適合沾取麵條或者搭配白飯一起享用，最後剩下的明太醬汁也別浪費，將桌上湯壺徐徐倒入清淡白湯，根據個人口味調整鹹淡，重口味的明太醬汁就會變身為清爽的明太子湯。

明太煮沾麵湯汁裡滿滿都是明太子，對於明太子控來說，根本就是夢幻逸品，令人忍不住食慾大開。店家貼心地以鑄鐵鍋盛裝上桌，吃到最後一口都是溫熱好味道，由此也可見他們對明太煮沾麵醬汁的堅持。

2　3

很多人會好奇：麵條為何要刻意跟湯汁分開？那是因為麵條泡在湯汁裡很快就吸飽湯汁，會變得又軟又爛，對於喜歡彈牙口感的日本人來說，好吃麵條不容許口感打折！將適量麵條放入小鍋中，沾取滿滿醬汁大口送入嘴裡，恰到好處的溫度與麵條口感交融，讓Choyce吃得心滿意足，大呼過癮。吃完了重口味明太煮沾麵，最後再來碗焦糖果凍，就是最完美的句點啦！

元祖めんたい煮こみつけ麺
電話：03-3984-3330
營業時間：10：00～26：00
地址：東京都豐島区南池袋1-21-5第7野萩ビル2階
www.mentaitsukemen.com

1. 辣度會隨著個人口味調整，點餐後才客製化製作沾麵。

2. 以土雞蛋製作的布丁滑嫩濃郁，搭配以焦糖醬製作的果凍調味，口感豐富有層次，入口瞬間滑嫩又彈牙，恰到好處地中和口中的明太煮沾麵醬汁。

3. 當你需要服務人員時，只需輕輕搖鈴，服務人員就會快速出現在你身邊，替你服務。

4. 沾醬裡是滿滿的博多明太子，分量十足十的好味道。

4

PART 2

東京另類體驗

說到日本，外國人腦海中自動跳出「溫柔婉約的和服美人」，但說到東京，可就大不同喔。即使是穿日本文化代表「和服」逛街，原宿風和服加入高跟靴子，西洋仕女小帽髮飾，以及亮晶晶花傘，和服美人也能冠上原宿風，走出東京自己的風格。

來東京羽田不只是搭飛機，你還可以在大田區觀光情報中心體驗真正的茶道文化，抽個空跟當地人一起洗錢湯。或者走訪台場來到東京幻視藝術館，突破你的想像極限，充滿奇幻創意讓東京旅更多元有趣。

大人限定，來六本木欣賞充滿日本風格的大型歌舞秀，每個律動中，上班族放下矜持，大聲笑開懷，這裡是多元豐富的東京，等你來品嚐。

娛樂性十足的六本木經典歌舞秀
バーレスク TOKYO

位於六本木車站A6出口正對面大樓7樓，在六本木一帶赫赫有名的歌舞秀「バーレスク TOKYO」，不只廣受東京上班族男性歡迎，也十分受到女性青睞。與其說是豔舞表演，更像是提供上班族紓壓的場所。

バーレスク TOKYO的女舞者個個笑容甜美、能歌善舞，來賓還可與她們握手或者合照互動（禁止出手碰觸舞者身體各部位）。就像一般偶像一樣，這裡每一位舞者都有自己的擁護者，粉絲可購買舞者們的紀念卡片，或是表演開始時購買バーレスク TOKYO通行鈔票（十張售價1000圓），換取簽名與合影留念，作為給舞者的實質鼓勵。Choyce就親眼目睹，現場來客手上都換了厚厚一疊。

バーレスク TOKYO有自己的編曲與編舞團隊，不只勁歌熱舞，女舞者們也會跳鋼管舞，在澡盆邊大洗泡沫浴，但所有表演都是三點不露。Choyce也發現，

現場觀眾都是發乎情、止乎禮，完全沒有人失控鬧場，萬一真的擦槍走火，肯定會被周圍巡場的人員迅速控制下來吧（能在東京開設秀場，後台很硬啊）！

比起美國拉斯維加斯的舞者環肥燕瘦，這裡的女舞者高矮不拘，姿色都屬上乘，身材更不用說，勻稱又美麗。與Choyce同行的朋友說：「這些女孩笑容真誠，讓人覺得暖心；表演也沒有風俗味，更像是娛樂與藝術結合的熱門舞蹈。」

這些表演都不是普通人可達成的，在表演中場休息時，兩旁螢幕播放了各個舞者的介紹影片，許多人都是從小修習舞蹈，十分努力呢！雖然一天得跳上6小時的舞，她們的臉上仍然維持敬業的笑容。

許多東京上班族天天要在職場上面對上司與客戶的壓力，來到這裡與台上一起唱著跳著，無形之中釋放了不少壓力，可以重整心情再出發，因此在台下更能看到放下偽裝面具後全然真實的日本人。甚至，有那麼一瞬間，我感覺到女孩們不只是在台上表演，更提供了一場心靈洗滌呢！

這些懷抱夢想的女孩們為了未來而努力跳著，期待著有一天，她們也能被星探發掘，走向更大的舞台。

1

1. 不只廣受東京上班族男性歡迎，其中兩成的日本女性也以欣賞與娛樂的角度來參與精采歌舞表演。

2. 限20歲以上成年人才能入場，年齡控管也是對視聽者負責任的做法。

3. 六本木經典歌舞秀非關情色，而是大人的東京，讓人看到不同面向、更全方位的日本。

4. 來賓禁止出手碰觸舞者的身體各部位，可拍照上傳網路。

2

バーレスク TOKYO
地址：東京都港区六本木 3-8-15
電話：03 - 6447 - 2037
營業時間：週一～週日18：30 ～23：00（每晚三場，19：00～21：00、21：00～23：00、23：00～25：00）
＊外國人優惠：入場費5000圓＋一杯飲料500圓（一般入場費5000圓＋一杯飲料1000圓）
＊先預約的人可以到舞台中間（遇到生日或特別場合，都能安排特別座位喔！）
＊限20歲以上成年人入場
www.burlesque-roppongi.com

3　4

大人小孩都愛的超人氣主題樂園
《ONE PIECE》航海王樂園

日本動漫角色影響力無遠弗屆，從人氣漫畫《ONE PIECE》可見一斑。作者尾田榮一郎於1997年開始在《週刊少年》連載這齣漫畫，將近20年之久，當年瘋迷魯夫的青少年們轉眼都成為社會人士，魯夫們依然神采奕奕，在海上衝鋒陷陣，為了剷除壞人奮力前進。

東京鐵塔特別為這些擁護航海王的死忠粉絲們開設了《ONE PIECE》航海王樂園，即使Choyce不是動漫迷，也在現場感受到了極大震撼。

東京鐵塔3樓為航海王售票處，展場包含三個樓層。若是計畫前往航海王樂園，順便登上東京鐵塔，建議從航海王樂園售票處購買套票。從售票處就能看

到3D立體圖像，一旁也有航海王立體造景，魯夫與喬巴舉起招牌姿勢，免費供人拍照留念。購票後掃描bar-code入場後可要妥善保存門票，在航海王樂園中闖關或看秀都需要掃描它才行！

一開始Choyce是抱著看熱鬧的心態入場，因此特別留意細節。不只是特效，從布景到聲光影音似乎都有種魔力，讓遊客把世俗壓力和煩惱暫時拋在一邊，進入航海王的冒險世界。

強烈推薦大家千萬不能錯過航海王劇場秀，一天僅有四場演出，每場限額100名，額滿就不能入場喔（每張門票僅限觀看一次，當天抽選過就不能再度入場）！原本以為只有平面展區，沒想到

1

2　3

實境動態電影,擬真的臨場感(會噴水與冒煙)讓人彷彿置身《航海王》電影情節中,情緒也跟著起伏。

在航海王樂園裡可參加各種角色遊戲,付費或免費皆有,針對航海王迷舉辦的限定集章與特定活動經常更換主題,吸引人們不斷造訪。不只是航海王樂園內陳設,就連地面上都有3D繪圖,會讓人以為喬巴跟魯夫跳出地面歡迎你。樂園內有各種維妙維肖的角色大集合,讓航海王迷們一圓親近偶像的夢想。喬巴、魯夫、妮可、香吉士、布魯克、娜美、索隆、佛朗基……你最喜歡哪一個呢?

航海王主題餐廳最受歡迎的是炸餃子以及雙色巧克力鬆餅,限定推出的白巧克力提拉米蘇,上面滿是愛心,也讓人難以抗拒。另外航海王迷一定不會錯過的授權商品保證讓你買到失心瘋,現場還可拍照(各種造型皆500圓),不管是不是航海迷,相信都一定會被這裡的歡樂氣氛所深深吸引!

1.如果你願意花錢在台灣看展,那麼你在航海王樂園裡,會更感到驚喜連連。
2.限定期間集章會不斷更換主題,讓粉絲為了集章與特定活動,不斷造訪航海王樂園。
3.精采舞台秀一天僅有四場,千萬不要錯過!
4.擬真的臨場感讓人的情緒與氣氛都被帶動著起伏上下,感受到完全不一樣的展覽情境。

4

航海王樂園
地址:東京都港区芝公園4-2-8(東京鐵塔 Foot Town 3F)
東京鐵塔最高展望台＋航海王樂園門票套票:大人(含高中生以上)3900圓,未滿四歲幼兒免費進場。
網路預購門票:大人3000圓,現場購票價格:大人3200圓。
www.onepiecetower.tokyo

穿越時空的歷史巡禮
江戶東京博物館

西元1603年到1867年代，德川家康在江戶（現在的東京）開設幕府，東京因而成為日本首都，也是最重要的政經中心。江戶時代的船隻，乘載著歐美中國的文明，將日本一步步打造成為頂尖大國，可惜18世紀後期，幕府時代結束、大政奉還時期，日本畏於外來文化與潮流，進行鎖國政策，也因此有了後來阪本龍馬推動改革的契機。20年前Choyce坐在日文教室裡聽著老師介紹這些歷史，沒有什麼感覺，今日來到江戶東京博物館，才發現自己對近代日本的認識不夠深刻呢。

穿過長長電梯，走進充滿濃濃江戶風格的江戶東京博物館，彷彿穿越時空回到過去，首先映入眼簾的就是江戶時代的各式建築模型，館內將江戶時代的人物景色與文化完整保留，讓後人得以一窺江戶時代的生活起居與美學。印象最深刻的是「花魁」，看過《仁醫》這部日劇的人一定知道，花魁出巡的浩大聲勢，也是江戶時代的代表文化之一。現場還展示了江戶時代的消防系統，當時多為木造建築，萬一發生火災，消防人員轉動這支通報系統，不用大聲嚷嚷，遠遠地就能看到警示。

遇到週末假日或特別的日子，還會推出各種江戶時代的民俗趣味，Choyce造訪時正好遇到雜技表演，和圍觀群眾一樣看得目瞪口呆，也更能感受到當時的人文風情。

除了日本人以外，西方人也對東洋文化十分好奇，館內有許多英語志工，有的是已經退休的樂齡族們，他們穿梭館內，進行導覽。特別一提的是，館內特別設置視障專區，將展覽細節以

1

1. 孩子們正在轉動的，是江戶時代的消防系統。
2. 江戶東京博物館內有許多仿古紀念品，好吃好玩又好用。
3. 江戶花魁重現讓人眼睛一亮！
4. 江戶時代的人物景色與文化，在這裡全都看得到。

2

江戶東京博物館
地址：東京都墨田区橫
網1-4-1
電話：03-3626-9974
www.edo-tokyo-
museum.or.jp

3

點字方式介紹給視障者，真的是無差別社會啊！

江戶東京博物館不只有江戶時代的老建築，仿古擬真科技提供了歷史和文化融合的體驗，也讓後人更了解現代科技的緣起。此外館內有許多仿古紀念品，記得帶些紀念品回家，重溫這一天的感動喔！

4

啟發想像與創意的3D藝術創作空間
東京幻飾藝術館

帶著孩子來東京，當然要到台場一遊啊！從百合海鷗號「お台場海浜公園」站下車，馬上就能抵達東京狄克斯海濱（ISLAND MALL) 4F的東京幻視藝術館。這個外觀看起來像江戶時代的古建築，在入口就有專人帶領解說幻視藝術的箇中訣竅，不懂日語的話，工作人員還會耐心拿出中文告示牌，作品旁邊也有中文說明。此外，工作人員還能幫忙拍照喔！

東京幻視藝術館的作品是由幻視藝術的「SD」公司所研發，在日本各地分布著不同作品。東京鐵塔的航海王樂園、那須、岩手藤原之村等，都有它們精心設計的3D視覺藝術，最新作品都蒐羅集中在台場的「東京幻視藝術館」，還有周邊商品可採購回家！利用幻視藝術可以設計出維妙維肖的世界

古蹟，像是羅馬「真理之口」，許多作品都繪製得相當精巧，乍看之下很難分辨是平面3D藝術創作，加上利用視角反差，進行各種魔術變化，不仔細研究，你還以為自己眼花呢！有趣的是，在視覺藝術的推波助瀾下，人人都可以是武藝高超的忍者，甚至以為自己穿越時空跑到了日本江戶時代！

在趣味鬼屋（怖くないお化け屋敷）中，可看到許多日本傳說中的鬼怪，就好像平常閱讀的日本小說與漫畫的主角以真實樣貌躍然眼前，還能跟鬼主人喝一杯；與其說鬼屋，更像是日本漫畫真人化，因此一點都不令人害怕，反而有美夢成真的興奮和感動。

想知道這些超乎想像與視覺極限的美學藝術，究竟是怎麼辦到的？下次造訪東京時請來實地體驗一番吧！

東京トリックアート迷宮館
地址：東京都港区台場 1-6-1 （DECKS Tokyo Beach購物中心4F）
www.trickart.info

1

2

3

1. 超乎想像的美學，讓人真的誤以為自己身陷危險之中呢。
2. 超過人類視覺極限，啟發無限想像空間與創意的3D藝術創作。
3. 看似平凡的牆面，卻在視覺創意設計下，形成大白鯊吃人～救命唷！
4. 利用視角反差，是人氣滿檔的新鮮體驗。

4

親子同樂好去處
品川水族館

品川有很多值得造訪的景點，Choyce要推薦東京都心內最好玩的品川水族館，值得家長們帶孩子花上半天時間到此一遊。

品川水族館位於品川區民公園內，裡面有明星動物海豚秀、可愛企鵝群、海獺表演秀與多達450萬尾的水族生態觀察。而一進入品川水族館，不能錯過的就是：「イルカにタッチ」，每天限定5名，在保育員陪同下與海豚互動，每人約5到10分鐘，每人500圓。

在館內有一整區都是海豚教育舞台，不只有海豚現場表演，還有海豚詳細介紹的電腦實體表演。此外館內也以河川與海洋交匯為主題，設置豐富的水中生態教育，可欣賞亦可觸摸。

比起水族館裡的海底生物，更吸引我注意的是日本正進行校外教學的孩子們，每個人手上拿著學習單，分組進行活動，一邊闖關一邊填寫紀錄報告。遊玩不只是享樂，更是學習的一部分，藉由海洋生物也能引發孩子們主動學習的樂趣。

最讓人期待的還是一天三場的海豚秀啦！時間還沒到，日本人都依序入座，整齊有秩序地欣賞每個活動。品川水族館的另一位明星，就是逗趣又討喜的海獺君，圓滾滾的身材像是諧星角色，也是孩子們追逐的焦點之一。

占地廣大的品川區民公園內有優美湖景，以及可供健行的森林步道。而位於湖畔旁的湖景餐廳，可悠哉欣賞湖景美麗風光外，還有美味牡蠣與炸蝦、漢堡排等套餐，讓Choyce深深愛上品川水族館啦！若是吃飽喝足了，來一杯海豚聖代吧！這是每日限量發行的夢幻逸品，一大杯才700圓。

品川水族館
地址：品川区勝島3-2-1
電話：03-3762-3433
營業時間：10：00〜17：00（閉館前30分鐘可入館）
入場費：大人1350圓、中小學生600圓、孩童（4歲以上）300圓（有團體門票）
定休日：週二（春假、黃金週、暑假、寒假的週二營業）、元旦
www.aquarium.gr.jp/mm
＊造訪品川水族館，建議可先下載館方APP
＊大井町車站有免費接駁車前往品川水族館

1

2

3　　4

5

1. 身形不如海豚漂亮的海獺君，
   也是館內的人氣明星。
2. 這裡是東京都心內的最佳生命
   教育場所。
3. 館內有一整區都是海豚教育舞
   台，不光只有海豚現場表演。
4. 定食分量多又可口，公家單位
   經營的非營利組織，果然物美
   價廉。
5. 水族館也好、郊遊踏青也好，
   品川區民公園是周圍居民最佳
   的休閒好去處。

和服體驗時尚大變身
Kimono Tokyo Harajuku

3年前，Choyce曾經計畫帶孩子穿和服到明治神宮過七五三節，當時上網查詢資料，怎樣都沒有辦法預約。這次Choyce又來到原宿，沒想到遠在天邊、近在眼前，原宿竹下通入口的麥當勞樓上，就有一家和服體驗店「Kimono Tokyo Harajuku」，提供各種男女和服租借；不僅如此，連日本明治到大正時代所流行、女學生象徵代表的和洋折衷服飾「袴(Hakama)」都能租借得到。此外，這家店還包含美髮、美妝服務，再也不用擔心身穿和服還得素著一張臉的窘狀啦！現場有中文人員，也有清楚中文標示，語言一點都不是問題，英語也能通！

Choyce請中文服務人員協助，找出幾種可能的和服搭配組合。接下來就是換裝時刻，由日本和服老師親自動手，每個配件都不馬虎。仔細觀察，老師身上竟然有一隻黑貓，這就是原宿LOOK，在傳統之中，仍然保留了個性特色。

一般有規模的和服店還會提供頭髮造型服務，而「Kimono Tokyo Harajuku」更提供化妝服務。髮片、鬢髮、馬尾、各種新娘髮妝造型都能指定，基本和服套裝＋簡單頭髮造型，4000圓，編髮或轉繞等簡單的頭髮造型＋1000圓，若是需要髮片或者電捲頭髮＋2000圓。如果是加上全臉化妝，另外加價。

Choyce每次穿和服都敗在頭髮太短，做不出漂亮的盤髮。這次的和服體驗，特別接上髮片，加上各種變化，果然不一樣。等日本美容師細心化上美麗妝容後還別急著走，先把配件都挑選過

1

1. 從JR原宿車站出口，隨即抵達「竹下通」，也是最為國內外媒體注目的東京時尚一條街。

2. 原宿女孩改造計畫，和服美人也可以很時髦！

3. 原宿LOOK真的花俏又時髦，從官網上就能嗅出不同氣氛。

4. 日本傳統文化代表：和服，也能混入原宿創新潮流風。

2

3

一回。只見工作人員拿出高跟鞋、美麗蕾絲包包，這些也是和服體驗配套喔！

穿上和服，Choyce發現少了日本傳統和服的拘謹，多了原宿風的花俏與時髦，原來和服裝扮也能繽紛又年輕呢！在原宿街頭實測看看路人的反應，結果不但被許多外國人攔下來拍照，也被原宿現場節目邀請合影。對和服有興趣的朋友，下回來原宿，不妨體驗看看！

Kimono Tokyo Harajuku
地址：東京都渋谷区神宮前1-19-8 306
電話：03-6804-1762
營業時間：10：00～19：00
www.kimonotokyo.jp

4

日本傳統茶道體驗
大田區観光情報中心

東京羽田空港位於大田區，多數人只是來去匆匆的過客，殊不知這裡也保有許多特色文化產業，像是日本精品工藝，值得走訪，細細品味下町風光。

Choyce意外地發現，隱身在車站樓層裡的大田區觀光情報中心好逛又好玩，它不只是普通的觀光案內所，除了展示當地的特產和文化外，更提供許多免費的深度文化體驗，像是摺紙、剪紙、雕花等。此外，還有茶道體驗（須提前3天上網申請預約，有中文翻譯），Choyce就在這裡上了一堂日本傳統茶道體驗課程，收穫滿滿！

這個針對外國日本文化愛好者推出的茶道體驗活動，僅酌收每人3500圓的成本價，包含和菓子茶點費用，進行整整1小時。日本老師十分講究每個環節，就連榻榻米與和室拉門都準備妥當，更別說茶道體驗所需要的道具與操作程序，樣樣都按規矩來。

在一旁觀看茶道老師的準備工作，你會折服於日本人對於細節的講究，她們身著和服、舉手投足間流露出優雅風範，跪坐在榻榻米上授課1個多小時仍然面不改色、不動如山，也讓Choyce打從心裡佩服。老師們不只是對於茶道精神與文化傾囊相授，更把每個細節清楚傳遞；令人感動的是，我們喝到的茶，盛載著對來客的滿滿心意，茶已不只是茶，而是心靈饗宴的主角。

大田區觀光案內所致力於推動日本文化，有一百多位志工輪班服務，在上班時間隨時敞開大門，歡迎旅客前來認識更深入的日本文化。

大田区観光情報中心
www.tokyoactivity.com

1

2

1.一系列體驗活動，尤其主打大田區最豐沛的「黑湯」溫泉資源。

2.這裡有許多日本精品工藝，很值得走訪參觀。

3.實際觸摸黑湯溫泉，有點像黑可樂一樣的茶褐色水質，據說對健康有很大幫助喔。

4.黑湯汽水也是大田區特色，喝起來鹹甜鹹甜，很有意思呢。

3　4

花小錢享受泡湯趣
改正湯

來日本旅行，若是想享受泡溫泉的樂趣，不用花大錢住宿溫泉旅館，在街頭巷尾的公眾溫泉浴場，就能體驗正統的大浴場文化。Choyce多次造訪東京，卻沒有體驗過大眾澡堂，原來東京所有的澡堂大浴場都是公訂價格，而且內部乾淨明亮，一點都不用擔心衛生與安全問題喔！

位於大田區，已傳承到第四代經營的「改正湯」迄今依然廣受大田區居民愛戴，它採用天然溫泉「黑湯」，可洗去老廢角質，讓肌膚亮晶晶又滑嫩嫩，也被女性顧客暱稱為「美人湯」、「美肌湯」；此外它對於動脈硬化或者心臟病等疾病有緩和效果，可以改善糖尿病、神經痛、畏寒、高血壓、肩膀痠痛等血液循環障礙。

走進改正湯，一看身旁老顧客都是有備而來，幸好澡堂販售各種沐浴用品與保養品，還貼心準備了染髮者專用角落。現場也有販售毛巾、浴巾，但為了環保，建議大家自備所需個人用品。

1. 澡堂內販售許多美肌對策商品，以合理價位供應給臨時起意想泡湯的顧客。
2. 改正湯旁就是一間自助洗衣店，泡澡等候時也能把髒衣物洗淨。
3. 街頭巷尾的大澡堂，幾乎都營業到深夜，記得先查詢公休時間以免向隅喔！
4. 改正湯貼心地推出限定的沐浴組合包，日後都可以讓這些用品重複再利用。

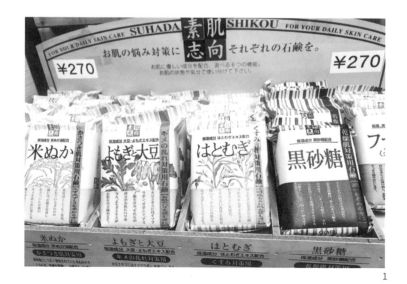

改正湯
地址：東京都大田区西蒲田5-10-5
www.kaiseiyokujou.com

1

從地底下挖到的黑湯溫泉，可是真正的溫泉喔！Choyce這天先洗了碳酸泉（白色），又泡了黑褐色的黑湯溫泉，全身暖呼呼的，一整天的疲累也頓時消失無蹤。

而置身就像電影《羅馬大浴場》裡，祖孫三代在池裡和樂融融的畫面之中，這是沒有泡大眾澡堂文化的我們，難以想像的親子活動。

「改正湯」也被稱為「看得到錦鯉的溫泉湯」，館內有大型水族箱飼養著紅白錦鯉，一邊泡湯、一邊欣賞魚兒悠哉游泳，簡直就是最佳的心靈療癒。泡完湯來一杯咖啡牛奶或者鮮奶，更是暢快！

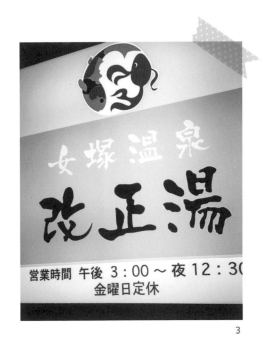

3

2

4

PART 3

東京近郊輕旅行

妳為什麼那麼愛東京？日本朋友問。

來到東京都心，市區燦爛喧嘩總讓人心醉神迷，但搭車約半小時到一小時，又可來到充滿人文風情與自然美景，暫時擺脫城市喧囂擾攘，轉換心情感受不一樣的旅遊。

群馬草津溫泉是我最愛的溫泉勝地，從早到晚都熱鬧滾滾，揉湯秀是絕對不可錯過的草津文化體驗，四萬溫泉尋找湯婆婆與千尋白龍蹤跡，伊香保溫泉更是氣質滿點，美肌溫泉讓人從內而外都浸潤在美人氛圍。水上溫泉農泊體驗刷新了你對日本所有認知。

茨城縣海上鳥居日出讓人印象深刻，而那珂湊魚市場那肥美巨大的生蠔更念念不忘。在掃帚草之間穿梭來去，常陸濱海公園四季花朵綻放讓人總是心曠神怡。

埼玉縣搭乘西武特色鐵道，搭乘特色餐車享受隈研吾設計「五十二席的至福」，moomin嚕嚕米公園，還有小江戶川越散策，享受地瓜全餐。真的只要半個多小時，心境轉變如此之大，來一趟東京，就可把購物美食與自然風景盡收眼底，教人怎能不愛東京？

YOKOHAMA

東京都心半小時可達！
異國風港都**橫濱**悠閒散策

有 150 年歷史的橫濱是日本明治維新後開港的重要城市，富有濃濃港灣風情，當時世界各國從橫濱導入許多異國文化，包含宗教信仰，因此在橫濱各地走訪，會發現許多傳統歐美建築的教堂。光是在橫濱山下公園旁，就有天主教會、基督教會、聖公會等不同教會。日本第一個對海外寄送的郵筒，也在橫濱。在橫濱的現代化外表下，隱藏著許多日本先進發展的源頭，也許在某個轉角就會發現歷久不衰的痕跡。

橫濱港灣未來地區，總是帶給人們現代化印象，但是穿梭橫濱大街小巷，可以感受到與東京截然不同的港灣風光，更有相對平價的購物與美食。充滿新舊交融的建築風景，白天很有看頭，入夜後更是萬種風情。在橫濱散策，最忌慌慌張張、匆匆忙忙，不妨放鬆心情，好好走訪這個處處充滿驚喜的城市。

新潮與懷舊相依存
元町商店街

在橫濱遊走，你很難錯過「元町·中華街」站，有趣的是，這站出口往南往北大不相同，一邊是古色古香還掛著牌坊的橫濱中華街，另外一頭卻是新潮洋派的元町。

以往被劃地為外國人居住的「元町」擁有全日本第一間百貨公司、最早進出口貿易公司，更有許多日本原創商品在此地發源，迄今還是橫濱有錢人們逛街的首選，在此可買到進口與日本製造的好貨。

走訪元町商店街，轉個身都是好拍又好逛的個性店舖，許多精品名牌專賣店進駐，也有高價進口食品與點心店，多元化餐飲店林立。像是創始於1912年的法蘭西料亭霧笛樓，充滿濃濃懷舊風情的外觀在當地赫赫有名，卻維持一貫的低調，只有老饕才知道。

儘管新的企業、新的事物不斷湧入，但老街上的人們依然踩著從容不迫的腳步。安安靜靜卻氣質不凡的元町商店街，適合不喜歡擁擠混亂的人們前來挖寶。

1

2

3

5

4

1. 舊時代的百貨公司，與現在新穎的連鎖集團大不相同，也是元町特色之一。

2. 光是西點店門口都很好拍照，IG美照是最受歡迎的啊！

3. 充滿個性風的雜貨舖，就連外露的水錶、瓦斯錶，都融入店門布置之一。

4. 洋食屋也算是大量導入的西方潮流中，最直接的體現。

5. 招牌上的料理看起來就讓人想嚐嚐鮮啊！

餐廳密度爆表
野毛美食橫丁

橫濱櫻木町車站旁的野毛たべもの橫丁，據說超過Ｎ百間餐廳在此地聚集，不僅價格合理，也是最能品嚐道地橫濱美食的餐廳街。尤其入夜後華燈初上，整條街彷彿都活了過來！而異國料理與酒吧就是年輕人的最愛。

如棋盤狀的野毛町分布著各種美食：鍋物料理、燒烤料理、生魚片、懷石料理，還有美式、墨西哥、德國、義大利、西班牙等異國料理齊聚一堂，令人眼花撩亂。不只路旁比比皆是餐廳，就連巷弄間都能隔出六、七間美食店舖。近來流行的寵物咖啡店、貓咖啡等，也能在這條街上找到蹤影。

不過，走在這裡要小心，選擇困難症者根本就不知道該怎麼下手啊！Choyce與好友逛了1小時還很難下決定，今晚吃什麼？

日本好友說：日本人不會在一間店內吃到飽，一個晚上最少吃兩到三間餐廳，前兩間喝著酒、品嚐美食，最後一間店來碗拉麵收尾，然後帶著微醺輕快地踏上回家的路程。對於總是一間店舖吃到飽的台灣人來說，日本人連走三家的邏輯還真難理解呢。

據說野毛町內數百家餐廳還有個潛規則：餐廳門口掛著綠燈籠，代表這間餐廳採用橫濱與神奈川當地特產，也讓在地人更清楚如何支持在地好店家。下回走訪橫濱，不妨找找看有美食認證的綠燈籠店家喔！

1　　2

3　4

1.從橫濱櫻木町車站往野毛町走，豐盛的美食盛宴會教你深深愛上橫濱。

2.在台灣也很有名的養老乃瀧，竟然也是橫濱出身呢！

3.走訪這些特色迴異的餐廳與美食舖子，比逛街購物更有趣。

4.不只路旁店舖比比皆是，就連巷弄間都能隔出六、七間店舖，或坐或站地更有趣。

潮男潮女聚集地
吉田町

據日本在地好友說，橫濱當地的年輕人們不常在中華街與紅色煉瓦倉庫等外國人流連的觀光景點出沒，而是喜歡聚集在櫻木町車站走過來約10分鐘的藝術新市街「吉田町」，這裡有許多老屋重新改裝的潮咖啡與潮酒吧，是非常適合拍照取景的好去處呢！

即使你不喝酒，每一間小咖啡館或者酒吧都各有特色，拍起寫真來特別有味道！除了日本料理之外，異國餐點如義大利餐、西班牙小酒館、墨西哥料理、美式運動餐廳等等，也提供了百百種選擇，餐廳單價平均比東京要便宜1/3！La Bocca della Verità義大利餐廳門口的The Mouth of Truth真理之口，也是年輕人相約聚會的熱門打卡點。

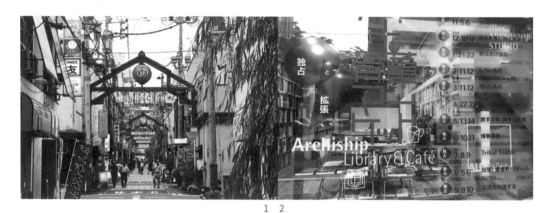

1　2

1. 白天橫濱很有看頭，入夜後更是萬種風情。

2. 有各種主題書籍與演講，喜歡獨立書店的朋友一定要來朝聖。

3. 藝術新市街「吉田町」非常適合作為寫真及攝影取景點，文青風散策走橫濱就對啦。

4. 日本料理、異國餐點等百百種選擇，就看你今天想要吃哪一道料理。

5. 最適合深度走訪橫濱的，莫過於河岸旁那一整排小店面。

3

4

5

無料參觀、免費暢飲
KIRIN橫濱啤酒工廠

日本啤酒大廠KIRIN麒麟啤酒的發源地，就在橫濱。大約150年前，明治維新末期，日本放棄鎖國政策，引進各種西方國家先進科技、醫療與教育制度，當時從德國引入日本的啤酒釀造技術，成為KIRIN麒麟啤酒廠的前身，也影響了日本民生科技發展進程；如今KIRIN不只釀啤酒，更是日本人耳熟能詳的食品大廠，在全世界也赫赫有名呢！

KIRIN橫濱工廠以推廣企業形象為主，提供整整80分鐘專人導覽與免費啤酒試飲，收費只要0圓！工廠內有靜態展示空間，可在大廳瀏覽各種啤酒釀造資訊，了解啤酒是如何釀造的；也能親手摸摸啤酒花與試吃麥芽，五感全開地體驗釀造啤酒的每一道步驟。

一般啤酒會經過兩道程序搾汁，混合後進行發酵作業，顏色較濃的是一番搾，顏色較淺的則是二番搾。KIRIN強調「一番搾」，只用一番搾製作啤酒（取第一道濃郁麥芽汁），雖然要花上更高成本，但釀造真正好喝的啤酒卻是它的最大堅持。

Choyce參觀過上百間酒廠，真心覺得KIRIN做得真好！不只是吃吃逛逛而已，更透過許多互動來介紹啤酒的發酵與組成，參觀的動線與流程在在都讓人驚豔。

若是你有時間，何不親手釀造一瓶啤酒？一組人（上限6人）報名費用20000圓，包含午餐便當，6週後將成品寄送到日本國內指定地點。Choyce也好想親手釀造一瓶貼著自己名字的麒麟啤酒喔！

現場不只是釀造見學，更可親眼目睹包裝的過程，看到釀造槽才知道一大桶可供一個人天天喝，喝上四千年！在麒麟啤酒工廠裡，每分鐘生產兩千瓶啤酒，源源不絕地運輸送往各大賣場，再送到每個人家裡的餐桌上。

不得不說，KIRIN真大方，開放工廠生產製程、免費導覽，最後還可免費試飲三種明星商品，而且是三大杯！除了啤酒之外，也供應KIRIN無酒精啤酒、果汁與茶飲，還有下酒餅乾免費提供喔！

此外，KIRIN啤酒工廠內設有餐廳（必須預約）供應美味餐點。對麒麟啤酒有興趣的朋友，試飲後可把周邊商品帶回家喔！

1

1. 來去橫濱KIRIN發源地免費參觀，還可以暢飲Beer。
2. 啤酒工廠參觀見學，每天開十個班次，一天可接待300位旅客。
3. KIRIN啤酒的象徵：啤酒雲。
4. 對大人來說可以認識自己最愛的飲料，對孩子們來說也是一種自然科學體驗。

2

KIRIN橫濱啤酒工廠
地址：神奈川県横浜市鶴見区生麦1-17-1
定休日：週一
一番搾りうまさの秘密体感ツアー（橫濱啤酒工廠參觀見學）：每天十個梯次，一天可接待三百位旅客。現場只有日語解說。
＊在網路上預約（需有日本聯絡方式），不接受旅行團預約參觀。請務必提前預約，當日到現場一定無法參加喔！
所需時間：約80分鐘（含試飲時間）
參觀人數：35名
www.kirin.co.jp/entertainment/factory/yokohama/tour

3

4

昭和風情滿喫
Ra-Haku 新橫濱拉麵博物館

「RA-HAKU 新橫濱拉麵博物館」從新橫濱車站走過來只要五分鐘。在這裡，不只能吃到許多知名店家，更像穿越時空回到四、五〇年代的日本，好吃又好玩。

新橫濱拉麵博物館外觀看來樸素、平凡無奇，一踏入館內卻別有洞天，昭和時期的場景、音樂、人物打扮，甚至連廟口活動都完整複製保留在這一方天地中，每一個角落都充滿懷舊風情。

定時在中央廣場舉行的同樂活動：賓果、日式說書「紙芝居」演出，讓沒有經歷過昭和時代的新世代也能略知一二，串起不同世代間的共同回憶。尤其是「紙芝居」說書人活靈活現的表演，讓底下大小觀眾聽得津津有味，外國朋友即使聽不懂也能感受到周圍日本人的專注。

既然主題是拉麵，那就來挑戰館內九家風格特異但都是上上之選的拉麵店吧！（規定：中學生以上，每人限定點一碗，12歲以下可以與父母共餐）來到這裡的遊客，幾乎都會選擇多吃幾家，一網打盡。新橫濱拉麵博物館也很貼心，每家拉麵店都推出mini版拉麵，可用略微便宜的價格，滿足口腹之慾。

日本人在德國法蘭克福開設的超人氣「無垢」拉麵，全日本只有一家，就在新橫濱拉麵博物館內。其特色主打「創新」與「融合」，麵條採用義大利麵條，叉燒則是以培根取代，店內更是供應三種以上的德國啤酒。就連日本人都要大排長龍等候入內，就為一嚐好味道。

1

2

其他還有紐約來的日本人氣拉麵店、北
海道利尻島的拉麵，每家拉麵各有擅
長，日本最強拉麵和歌山的井出商店拉
麵，則是銷售第一。此外館內也販售拉
麵調理包，除了沒有叉燒肉塊外，味道
一模一樣。此外新橫濱拉麵博物館還推
出每一家店的貼紙，每張30圓，可買回
家當作紀念與收藏。

Ra-Haku 新橫濱拉麵博物館
地址：神奈川縣橫濱市港北区新橫濱2-14-21
電話：045-471-0503
定休日：全年無休
購票資訊：未滿15名團體，大人（12歲-未滿60歲）
310圓、兒童（6歲-未滿12歲）100圓、老人（60歲以
上）100圓、幼兒（未滿6歲）免費。15名以上團體，大
人（12歲-未滿60歲）260圓、兒童（6歲-未滿12歲）50
圓、老人（60歲以上）50圓、幼兒（未滿6歲）免費。
www.raumen.co.jp

3

4

1.若是人們都換裝參觀，
任誰都會懷疑自己是不
是穿越了呢。

2.在網路天天與時俱進的
現在，這閒適知足的舊
昭和風情更顯得療癒。

3.不能免俗地來挑戰九家
風格特異，但都是上上
之選的拉麵店吧！

4.從這碗飄浮拉麵開始，
一起走訪有趣的拉麵博
物館！

小心魔女出沒
魔女とハーブの店 Green thumb

Choyce年輕時曾經看過《魔女物語》，很久很久以前，魔女住在森林裡的小村莊，她一邊紡紗織布，一邊採集著藥草，這些藥草也為村裡的人們治病解毒。在森林與村子的交界，甚至是世間與看不到的世界交界，魔女乘著想像在眼睛看不到的世界自由地飛翔。

傾聽自己的心語，或者傾聽周圍人們的真實內心，在生活中也有以各種樣貌存在的魔女也說不定喔！21世紀的現在，到底有沒有魔女真實存在呢⋯⋯

說時遲那時快，眼前出現了真正的魔女，還真讓Choyce嚇了好一大跳！

推開「魔女とハーブの店 Green thumb」可愛的木門，裡頭多得是魔女造型玩偶，還有香氛與精油充斥其中，與印象中施著魔法詛咒他人的壞魔女不同，這間店舖的魔女臉上都帶著溫柔的神情，讓人感覺放鬆。

店主人飯島都陽子是日本知名作家，經常在電視節目中露面，以及到日本各地演說，甚至代表日本到處去參加世界集會。看到她本人真的會認為，這就是真實世界的魔女。她帶著淺淺微笑，一一介紹店內的原創商品，從大型魔女玩偶到文創商品，整個人的裝扮和散發出來的魅力，活脫脫就是一位現代魔女喔！

而店內每一樣商品彷彿都是店主人的分身，她們或坐或站、或騎著掃把、或一身貴婦裝扮，每一尊魔女都很有自己的特色與韻味。

據店主說，也有人專門收集店主作品，每一樣都像藝術品一樣值得收藏。

飯島都陽子在世界各地都有粉絲，目前仍持續專注於創作，不管是魔女人形（玩偶）或者周邊商品，甚至也出書介紹自己的理念。對於自己堅信的魔女不斷發揚光大，專注做到最好、最有趣，這份心意正是感染他人的主因。

1 2

位於東京車程約30分鐘的橫濱，是許多低調生活名人的後花園，更有許多個性化商品與特色好物藏身其中，走在橫濱元町商店街中，總會挖到驚喜，倘若你有機會造訪，千萬不要錯過這家店，運氣好時也能偶遇魔女本尊呢！

3

魔女とハーブの店
Green thumb
地址：神奈川県横浜市中区元町1-37
電話：045-681-4981
營業時間：11：00～19：00
www.green-thumb.co.jp

1. 綠手指・魔女與香草的店就位於橫濱元町商店街內的巷弄間。
2. 店主本人散發出來的魅力與裝扮，活脫脫就是一位現代魔女！
3. 店內還附有註解：關於魔女，究竟是什麼呢？
4. 與其說想像「魔女」，店內每一樣商品都是店主人的分身。

4

正統壽喜燒老店
荒井屋

明治維新時，美軍駐守橫濱時大啖日本人不吃的牛肉。對於當時身形矮小的日本人來說，美國人高壯強大的秘訣肯定來自於牛肉精華，但日本人不太能吃牛排，他們拿著美國人取走牛排後的牛肉落し（不成形的小片牛肉），改用鹹甜醬油來烹煮，自創牛肉壽喜燒吃法。原本橫濱就是關東地區進出口貨物的集散地，更成為壽喜鍋發源地。

從明治維新末期開業的牛屋老店荒井屋，至今依然屹立不搖，深受橫濱人的愛戴和支持。由於中午時段可以用極為實惠的價格享受高檔牛肉壽喜燒的品質（午間特餐從1667圓起跳，最受歡迎的牛鍋套餐3900圓），不接受預約訂位，因此我們早上11點多趕緊前往排隊，真的是一位難求！

這間在地老饕推薦的荒井屋內部裝潢很有日本風，從踏入木頭迴廊開始，Choyce心中就升起了對於美食的滿滿期待！由

穿著正統和服的女將帶領入座，可選擇榻榻米座位或者一般桌椅。荒井屋不只固守日本傳統美味，就連接待服務都很日式：入內先脫下鞋子，用餐結束後走到門口，鞋子已經被妥善放在門口，等候主人。席間，女將們親切有禮地招呼每個人的需求，添水倒茶絕不怠慢。

牛鍋午餐套餐從前菜到配料都有，美味的米飯與味噌湯免費續點。等了一會兒，美味牛鍋上桌了！霜降牛肉上分布均勻的美麗油花，讓人食指大動，除此之外，還有春菊、香菇、嫩豆腐、蒟蒻與大蔥段等，喜歡烏龍麵的朋友可另外單點烏龍麵配料佐餐。

將豐盛佳餚擺放在鑄鐵鍋上，點火上桌，從開始到最後都能享用最美味的溫度，這是荒井屋的堅持。儘管牛肉壽喜燒在日本各地都能品嚐到，在橫濱荒井屋品嚐壽喜燒，吃的不只是上等牛肉的好滋味，更是把日式文化深刻浸潤其中。

1. 入口由大量的日式建築風格引人入勝，從踏入木頭迴廊開始，就醞釀著日本傳統代表美食的無限期待。
2. 牛鍋是日本關東地區壽喜鍋的緣起，進而推向全日本，乃至於全世界。
3. 壽喜燒在眼前烹調，想要熟度嫩度可自行調整控制。
4. 美味的漢堡排香味四溢，讓人好想趕快吃一口呀！

1

2

荒井屋 萬國橋店
地址：横浜市中区海岸通
4-23 相模ビル1 F
電話：045-226-5003
營業時間：11：00～14：
30、17：00～22：00
www.araiya.co.jp

壽喜燒的調味，採用大量的糖與醬油，加上味醂調製的鹹甜醬汁。對日本人來說，壽喜燒的鹹甜度恰到好處，甜度與鹹度調和適中，十分下飯。吃壽喜燒牛肉，還有一個不可或缺的配料：生蛋，它與生蛋液的完美調和，能有效中和鹹味，更提升入口美味。可以說：壽喜燒沒有生蛋，就像一曲沉悶的小調，少了高潮迭起的節奏感啊！

好友青木點了牛肉漢堡套餐，放在鐵板上吱吱作響，色香味俱全，看起來也很美味，午間特餐從生牛肉上桌到煮熟享用大約5分鐘，整個用餐過程約半小時到40分鐘。若是想吃午間特餐，建議搶在中午上班族外出覓食前早點到現場排隊喔！

3　　4

小巧精緻的轉角咖啡屋
nanbanya 南蠻屋咖啡

在橫濱街頭閒晃，原本打算前往野毛町用餐，卻在轉角嗅到咖啡香，禁不住停下腳步，佇足在這家小巧精緻的店面「nanbanya 南蠻屋咖啡」前。

「nanbanya 南蠻屋咖啡」發源自神奈川縣，在橫濱乃至於全日本開設好幾間店舖，位於伊勢佐木町這間應該是最小巧也最善用空間的一間。辦公室只有一個小小空間，所有商品都在大樓外牆上陳列。仔細靠近一看，除了各種自家烘焙的咖啡豆外，更有許多進口與日本雜貨，與咖啡周邊相關的商品也都陳列在上面。

咖啡愛好者在此可找到最適合自己口味的咖啡豆，也能買到現煮咖啡帶走（根本沒有座位可喝咖啡），手沖壺、立體咖啡包、磨豆機等等，咖啡愛好者都很熟悉的大廠牌商品也能以實惠價格購買。各種顏色的咖啡杯帶著樸拙趣味也很吸引人，其他周邊小物都很有意思，價格不高，很容易入手。

南蠻屋品牌陶製咖啡匙每個200圓，單品手沖咖啡包每袋約100圓，也可試試口味適不適合自己。愛喝咖啡的心，不分國籍也不分性別年齡。Choyce總被咖啡香引誘停下腳步，也在忙碌旅程中找到色香味俱全的調劑。

1　　2

1. 店內販售的咖啡杯造型各異，價格也實惠。
2. 超人氣又好買好拍的轉角咖啡店舖。
3. 空間有限，所有商品都在大樓外牆上陳列。
4. 單品手沖咖啡包，每袋約100圓，可以買來試喝，看看南蠻屋咖啡的口味適不適合自己。
5. 離開店舖轉個彎，又是另一間很有意思的咖啡廳。

3

4

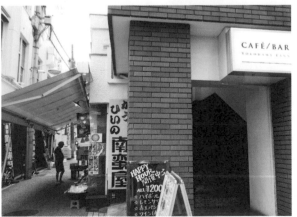

5

南蠻屋咖啡（Nanbanya）
伊勢佐木町店
地址：神奈川県横浜市中区伊勢佐木町1-3-1
電話：045-253-1213
營業時間：11：00～20：00
全年無休
www.nanbanya.co.jp

超值義大利餐廳
OREZZO 俺蔵

來到購物重鎮元町旁的石川町，就是充滿濃濃異國風情的餐廳群。與東京的餐廳摩肩擦踵甚至要站著吃的擁擠不同，橫濱的餐廳店內空間較大，帶來更舒適的休閒感受。其中這間義式餐廳「OREZZO 俺蔵」義式料理，店內明亮的裝潢、輕快的美式音樂，營造出愉悅的氛圍，讓Choyce一整天緊繃忙亂的情緒，似乎都在一推開門後煙消雲散！

這家店的菜單會每日微調，由店長一一手寫菜單，每天來到店內發現新菜色也是一種驚喜。若是你有選擇困難症，那麼不妨請店長建議菜色，總是笑容滿面的店長這天推薦了長腳蝦義大利麵、義式生魚片與沙拉，兩人共享餐價格還不到4000圓（酒另計），每一道都好好吃喔！義大利麵足足用了三尾長腳蝦，嚐起來口感不輸給龍蝦，入口彈牙又多汁，鮮美得讓人忍不住一口接一口。義式生魚冷盤以初榨橄欖油及海鹽輕輕調味，清爽又恰到好處，上頭點綴的細蔥與洋蔥絲，更有畫龍點睛的效果。搭配生啤酒也是一絕喔！溫野菜沙拉調味也很到位，Choyce更喜歡加入Anchovy的味道，帶點酸鹹口味的沾醬更開胃。

1

2

選酒也是OREZZO的堅持，不管是紅、白酒或者日本酒，搭配美食可要有好酒才能畫龍點睛呢！在店長的親切推薦下，我們點了義大利白葡萄酒佐餐，美味更提升！如果說美食可以撫慰人心，加上美酒更是一食入魂，美酒根本就是為了美食而存在啊！

OREZZO俺蔵
地址：神奈川県横浜市中区石川町2-85-5 タウンコートK
電話：045-228-7885
www.facebook.com/orezzo.motomachi/

3

4

1.餐廳空間寬闊明亮，享用美食的心情也跟著好了起來。

2.這一份長腳蝦意大利麵足足用了三尾，是不是很粗本啊！

3.在店長親切推薦下，義大利白葡萄酒佐餐更提升美味程度。

4.店內熟客們與店長熱絡談笑，吃得十分開懷。

療癒系布丁狗主題咖啡店
POMPOMPURIN Café 橫濱店

位於橫濱車站附近的「POMPOMPURIN Café 橫濱店」，是三麗鷗旗下最受歡迎的布丁狗專門店，也是療癒系大本營，經常排滿了長長的人龍。Choyce趁上午剛開門營業時免排隊等候得以入內，一走進大廳裡就看到可愛的布丁狗以一身航海員裝扮出來迎賓，所有人也都快速衝向前去拍照！

「POMPOMPURIN Café 橫濱店」空間很大，分為兩區，一區為親友共享餐桌區，另一區則是一個人也能很自在的特色座位區，真的很貼心。另外還有一個沙發區，可舒適窩在大床上，和布丁狗與他的朋友共處。大床上還有一個大圓盤（桌），餐點上桌時就擺在大圓盤上，感覺好像回到小時候，跟姊妹們一起玩家家酒一般。Choyce在店內發現不分年齡，許多人走進店內，眼神自動變得柔和，嘴角忍不住上揚，即使大叔也吃得眉開眼笑，誰說三麗鷗迷粉一定是青少年，店內多得是大人喔！

在餐廳裡，看到母親與孩子一起共享親子交流的幸福時光，特別令人感動。環顧四周的布置，布丁狗與他的朋友們，以溫暖色調包圍著每個人，這就是三麗鷗帶來的溫柔力量啊！

經過漫長的等待，終於送上來了預定餐點，幸好餐點一點都沒讓人失望，意外地好吃喔！我們點了橫濱店限定的蒸籠包子與

1. 趁著上午剛開門營業時造訪，通常免排隊等候就能入內。
2. 可愛的玩偶們永遠能讓人忘記煩惱。
3. 三麗鷗粉必訪的布丁狗主題咖啡店。
4. 環顧牆上的布置，布丁狗與朋友們，以溫暖色調包圍著每個人。

1

玉米湯麵、冰淇淋漢堡，還有布丁，看起來像極了漢堡，卻是由各種冰淇淋、甜點組合成的特別冰淇淋堡，點餐還贈送布丁狗造型杯一個！雖然送餐時冰淇淋漢堡有一點點小崩壞，店員立刻道歉並送回廚房重做，從每個細節都嚴格監管著，就怕一個小失誤，影響了三麗鷗的形象。

布丁狗帶來的療癒魅力，令人少女心大噴發，但是造訪布丁狗餐廳，可是無窮的錢坑。結帳盤是布丁狗，名片夾也是布丁狗，布丁狗的橫濱限定商品，更是必買商品，很容易就造成荷包君失守呢！

2

 POMPOMPURIN Café 橫濱店
地址：神奈川県横浜市西区南幸2-1-5 YOKOHAMA SOTETSU SQUARE
營業時間：10：00～21：00
www.pompom.createrestaurants.com/jp

3　4

三浦漁港直送
びっくり壽司

橫濱車站西口五番街周邊有許多平價又親民的好餐廳，24小時營業的也大有人在。Choyce大推位於橫濱車站西口的「びっくり壽司」，店內嶄新明亮，採用每天清晨從神奈川縣三浦漁港直送的海鮮，由有40年握壽司經驗的老師傅現點現做。

我選在上午11點剛開店時入內，一旁客座席早已準備好迎接中午的覓食人潮，師傅用有限中文和我聊起天來，很快就拉近了彼此的距離，也卸下了我對於「日本職人高高在上」的恐懼！

我問師傅：「壽司怎麼不是築地來的?!」

師傅笑說，築地魚生都是賣觀光客的，神奈川縣三浦漁港海鮮內銷橫濱都不夠了，怎麼還會送到築地再用高價買回來?!

這也是觀光客的迷思：以為日本海鮮都要從築地來才到位，殊不知過了築地這一關就水漲船高，眼前這一盤握壽司可要翻三倍價格才吃得到呀！

這裡的握壽司一盤一千圓，有玉子燒、蝦卵、鮭魚、鮪魚、扇貝、蝦、花枝、章魚等，扎扎實實的12貫，在師傅熟練的一捏一握中華麗登場。每一貫都是入口即化的好味道，還有師傅長年經驗累積的力道與愛啊！另外店內還供應美味咖啡，用餐顧客都能自取一杯佐餐。

びっくり壽司單價低，從數百圓到兩、三千圓定價的套餐都有，一般上班族也能負擔得起，因此不少上班族光顧。一杯生啤酒加上美味握壽司，或許這就是他們日常生活的小確幸吧。

我發現熟客之間都會熱絡地寒暄，畢竟大家都是為了真材實料、物美價廉的壽司而來。老客人就愛那種一進門不用開口就能自然交流的人情味，這也是日本文化中，最難以被取代的おもてなし（款待）。

1. びっくり壽司，看到店名就讓人禁不住好奇：會是怎樣的吃驚法？
2. 在 びっくり壽司，比醬油哇沙米更受歡迎的，就是笑聲與融洽氣氛。
3. 四十年握壽司經驗老師傅現點現做，邊與熟客們熱絡寒暄。
4. 橫濱車站西口五番街，走一回就發現這是個讓人大驚奇的便宜購物與在地美食集中地。

2

びっくり壽司
地址：神奈川県横浜市西区南幸1-5-30
電話：045-311-3880
營業時間：11時〜14時、17時〜24時
公休日：週日
www.yokohama-5bangai.com/bikkurizusi

3　4

白天是咖啡店，晚上變身小酒吧
cafe/bar BSM

Choyce的日本好友青木說：「橫濱伊勢佐木町有一間咖啡店很值得推薦，但光是看外觀妳可能沒有勇氣踏進去。」越是這樣說，我越想親自走一回啊！

這家名為「cafe/bar BSM咖啡店」在新宿開店後大獲好評，第二間店舖就選擇在地理位置優越的JR關內站與伊勢佐木町站之間的大樓裡。從一樓往上走，看看那被踩踏破舊的樓梯，不免有些忐忑，但一上二樓立刻就豁然開朗！這裡是年輕人會喜歡的調調：工業風、外露管線、刷白牆壁與留白空間，Choyce尤其喜歡那大片窗戶帶來大量的自然光，為室內營造了一股溫暖靜謐的氛圍。

1

空間中流瀉的音樂無形中也透露了店主人的品味，店裡播放著不搖滾也不太休閒的歐美、日本流行音樂，恰到好處的旋律讓人很自然地放鬆，忍不住想整個人窩進沙發裡。

Cafe/bar BSM咖啡物美價廉（下午時段，第二杯半價），中午針對上班族設計的午間套餐也是價格平實又美味喔！可說是上班族忙裡偷閒喝杯咖啡、上上網的好地方。此外，到了晚上，這家店更搖身一變成為酒吧，也是潮男潮女們下班後紓解壓力、盡情玩樂的好去處。

2

1. 在緊湊的生活步調中忙裡偷閒，來杯咖啡吧！

2. 到了晚上變身酒吧，可淺嚐紅、白酒與調酒。

3. 空間中流轉的音樂讓人肩頭放鬆，忍不住想整個人窩進沙發裡。

4. 從南蠻屋咖啡轉身往二樓走，就是這間cafe/bar BSM咖啡店。

5. 大片窗戶引進自然光的閒適感，更為忙裡偷閒的咖啡時光點上最放鬆的溫暖。

3

4

5

CAFE/BAR BSM 横浜関内店
地址：神奈川県横浜市中区伊勢佐木町
1-3-1(第一イセビル 2F)
電話：045-315-7513
營業時間：11：30～23：00
www:bsm-inc.jp

道地美國風洋食
センターグリル

在六百多間餐廳聚集的野毛通，有一間很有意思的「センターグリル（Center Grill）」美國風洋食，是石橋先生在西元1946年創立，迄今仍以原來的裝潢、菜單，甚至原汁原味、美軍用過的鐵盤，還有低廉價格服務在地人，走進店內還能聽到昭和時期的音樂。

它的懷舊氣氛不是勉強營造出來的，而是從骨子裡自然散發的底蘊，讓人們彷彿穿越時空、重新回到五〇年代的橫濱，感受時代變遷下的產物。

Choyce與好友們分別點了洋食代表：美式漢堡排與拿坡里義大利麵，漢堡排上還綴上一片起司，帶著少許奶香，是店裡的招牌。

同行的橫濱在住朋友說：拿坡里義大利麵是必點菜單，儘管不是山珍海味，卻是最道地的美國風味，開業迄今依然人氣高居不墜。ハヤシライス紅酒醬汁歐姆蛋包飯，樸實中帶著精心熬煮的味道。與其他蛋包飯不同，它不用番茄醬飯，而是白飯，擁有和傳統歐姆蛋包飯不一樣的口感。炸蝦套餐也很推薦，搭配馬鈴薯洋芋沙拉與生萵苣，佐上熬得濃稠的紅酒醬汁，十分美味。

センターグリル美國屋洋食，不只是美食，更有文化演進的象徵意義。

センターグリル
地址：橫浜市中区花咲町１－９
電話：045-241-7327
www.center-grill.com

1

1. 每個角落裡自然散發的氣質，讓人們穿越時空，回到五〇年代的日本橫濱。
2. 石橋家還有位台灣媳婦，歡迎大家去餐廳巧遇同鄉喔！
3. 橫濱開港後，美軍與西洋文化進駐日本，西方人喜愛的食物被稱「洋食」。
4. 招牌必點的紅酒醬汁歐姆蛋包飯，大口吃下真過癮！

2

3

4

GUNMA

搭乘新幹線一小時，
享受群馬縣泡湯好時光

對生活壓力強大的日本人來說，放假到溫泉鄉泡溫泉、享受美食，是最棒的減壓方式。身為群馬縣觀光特使，Choyce 造訪這裡十多次，每次參訪不同地點，都覺得感受到截然不同的旅遊風情：草津溫泉熱鬧非凡，萬座溫泉帶著神秘面紗，富岡製絲場充滿啟發，水上溫泉有許多果園與體驗工廠……光是在群馬縣旅行一週，就能探索各種不同的日本面向。

距離東京約 1 小時新幹線車程（巴士 3 小時）的群馬縣四面環山，被群山包覆在內陸中，少了海洋資源；也因為山區交通受限影響開發，上天特別安排各種各樣的溫泉資源與豐厚的物產條件，藉此彌補群馬縣對外連結的不足。

日本人氣第一溫泉勝地
草津溫泉

位於群馬縣西北部，距離東京最近、最方便抵達的草津溫泉，擁有上千年歷史，而且是年年獲得日本票選第一名，與有馬溫泉、下呂溫泉並稱為日本三大溫泉。

草津溫泉是PH值2.1的酸性溫泉，對皮膚與身體保健特別強效，就連阿部寬主演的電影《羅馬大浴場》都特別前往草津溫泉取景。一般溫泉鄉總給人老先生、老太太旅行團遊客居多的印象，令人意外的，這裡處處充滿年輕男女，尤其是女性為主的年輕觀光客，更增添青春氣息。

只要去過一次的人都會嚷嚷：「草津真熱鬧！」當地有7000位居民，每年服務超過300萬旅客，遠超過日本其他溫泉鄉規模，自然而然地發展出各種吃喝玩樂的周邊設施，藉此娛樂觀光客與滿足草津當地人的需求，稱它為「溫泉樂園」也不為過。

草津溫泉最受歡迎的「熱乃湯」揉湯秀，天天上演六場，是一票難求的精采演出。為什麼要揉湯呢？那是因為草津溫泉擁有豐沛的溫泉資源，水源高溫達98度，當地人對溫泉有極高的堅持，不願意加入冷水降溫，於是在等待溫泉水降溫的過程中唱歌、跳起舞來。聰明的草津人還利用木板不斷撥弄溫泉水，提早降溫到人體能接受的40度，演變至今，一邊吟唱草津節歌曲，一邊用木板撥弄溫泉水的揉湯秀，儼然成為草津溫泉的代表特色。

前往草津溫泉鄉，除了租車自駕外，也可以利用JR東日本旅客鐵道公司發行的外國人優惠交通票券：JR關東地區通票，三日內無限次搭乘關東地區JR電車與新幹線只要8300圓。

1

2

3

1. 以草津溫泉水浸泡而成的溫泉蛋，蛋黃濃郁滑而不膩，還可帶回家享用喔！

2. 在天氣好的時候，熱呼呼的溫泉更顯得壯觀。

3. 一個月才有三次的隱藏版草津足球隊揉湯，讓大家嗨翻了！

4. 草津的緯度比較高，比東京市區要低溫達十度，來到草津就是要泡溫泉療癒身心啦！

4

濃厚歷史感
奈良屋

日本鎌倉幕府時代的源賴朝將軍，走訪草津溫泉時發現，泡草津溫泉居然能讓戰爭時留下的傷口恢復得特別快，這個源賴朝也讚不絕口的最古老的草津溫泉源泉，就命名為：白旗溫泉。

成立於1877年的奈良屋採用自然引入的方式，導入草津溫泉最古老源泉：白旗溫泉，更特別聘請兩位專任湯守（溫泉管理員），負責調節溫泉的溫度。館內有內湯和露天浴場，全身浸泡在溫泉裡，據說對皮膚保健有特別好的療效。

倘若你想要用餐，務必要選擇一泊二食（住宿＋餐食）方案，依照季節推出不同美味餐點，秋天居然有奢侈的松茸套餐，令人吮指回味的好味道，更加深了Choyce對草津溫泉的美好回憶。

奈良屋
地址：群馬県吾妻郡草津町草津396
電話：0279-88-2311
www.kusatsu-naraya.co.jp

1

2

3

1.日歸湯也是泡湯客的熱門選擇之一，但你泡完湯後，一定會捨不得離開這可愛小屋。

2.奈良屋旅館讓人充分享受美食與風景，更引人入勝的，則是熱切並且溫暖的笑容。

3.泡完湯，絕對要開心暢談飲酒，享受美食！

4.在草津溫泉鄉裡，不只是度假，更是讓疲累的身體快速回復的秘密武器。

4

一邊泡足湯一邊喝咖啡
湯畑草菴

泡溫泉有益血液循環最是暢快，但全身泡得暖呼呼後，肚子就開始咕嚕嚕叫，這時候如果來點好吃的，該是多幸福的事啊！店家似乎聽到了遊客的心聲，還真的開了一間可以一邊泡溫泉、一邊吃東西的足湯咖啡屋。湯畑草菴是一家民宿，一樓則是可以泡足湯的咖啡店，在這裡，用餐、泡湯、免費WIFI、手機充電、洗手間、行李寄物的功能，一應俱全。不分男女老少，大家圍著足湯一邊喝咖啡一邊話家常，格外放鬆，也是朋友相約來草津溫泉最開心的時光。

店內寬敞明亮，約可容納20人入座，還有許多群馬縣吉祥物置身一旁，令人心情也愉悅起來。這裡的餐點也不含糊，群馬美味地產食材大集合，樣樣都精采啊！土雞肉與蔬菜的組合淋上醬汁（可選擇醬油味、芝麻味、微辣肉醬、擔擔麵味）十分可口，乾烏龍麵吃起來清爽又無負擔（1000圓）。照燒和牛漢堡排（1000圓）搭配新鮮酪梨、薯片，更是令人胃口大開。吃飽喝足了，再來一杯溫泉蛋冰淇淋，真是人生一大享受！

1. 足湯就從草津溫泉旁湯煙亭（最多人駐足的足湯）旁的小巷子走進來。

2. 先來兩杯霜淇淋解除口中食物殘留的油膩。抹茶花豆霜淇淋、溫泉蛋霜淇淋，任君選擇！

3. 群馬好吃地產食材大集合，淋上醬汁吃起來清爽又無負擔。

4. 腳泡湯暖呼呼，再大口吃冰淇淋，這就叫冰火五重天嗎？

1

2 3

4

湯畑草菴
地址：群馬県吾妻郡草津町118-1
電話：0279-89-1011
www.kusatsu-souan.co.jp

太宰治造訪過的世外桃源
旅館たにがわ

暖暖內含光，是Choyce對日本傳統溫泉旅館最深刻的印象。明明是旅館全體人員用心照顧每個細節，絕不開口說「不」的日式服務精神打造出來的，但推開門就感覺好舒服、好放鬆，好想躺下來，哪裡都不去，只想靜下心感受一下四周的溫暖氛圍。

位於水上町谷川溫泉的たにがわ也是這樣的地方，它是當地最具代表性的溫泉旅館，擁有日本傳統溫泉旅館含蓄又貼心的日式服務精神，內裝素雅，不華麗、不鋪張、不刻意，卻雋永得令人難忘。日本大文豪太宰治於創作期間曾在日本各地旅行時，也在此地停留過。

文人之所以為文人，必定是心思細膩敏感、容易為環境與四季變遷而感嘆，當Choyce踏入旅館たにがわ，也感受到那種牽動著心思的溫柔。不像普通溫泉旅館一樣，擺放各種譁眾取寵的電動玩具，館內空出好大一間休息區，有大沙發椅、大木頭桌，可供閱讀，並且自行取用茶品，少了喧嘩的綜藝表演，留給旅客一片沉澱心靈的空間。

曾經有位網友寫信來問Choyce：「我想去住日本溫泉旅館，但覺得不用吃有點昂貴的溫泉旅館晚餐，自己帶泡麵去住旅館好嗎？」

千萬不要入寶山空手而回啊！在日本溫泉旅館用餐，幾乎等同於浸泡溫泉的感動！被列為世界文化遺產之一的日本料理，也是日本傳統文化精髓的體現喔！

依時令季節不同，主廚推出各種在地食材製作的餐點，Choyce造訪時是日本新年，推出了睦月季節料理！從擺盤到餐點，都令人賞心悅目。

用餐過後，回到房間，工作人員已貼心鋪上床墊，並且送上飲品，安靜不受打擾，貼心的日本溫泉文化就在這裡體現。Choyce最愛的，還是溫泉旅館內準備給客人洗塵的小點心與醬菜，佐茶一起下肚，期待這一夜夢裡也能遇見文豪。

2 3

房間內設有衛浴設備，但多數人還是選擇到大浴場泡溫泉，不受狹隘空間限制，感受徹底解放的自由。這也是平時居住在狹窄空間的日本人，放假總是選擇到山區溫泉旅館的理由。

隔天早餐也很精采，小火爐上現烤的一夜干、溫泉豆腐等，每一道都是讓人懷念不已的家鄉料理。這是台灣很難體現得到的旅遊文化，既然都造訪日本溫泉旅館，怎麼能輕易用泡麵打發過去呢？！

旅館，不只提供一個睡覺的場所，美食更能豐富心靈。尤其在日本溫泉旅館裡，可充分感受到與眾不同的人文風景。Choyce特別從旅館帶回兩罐玲瓏曲線的水壺，如此美麗的紀念品，一定要好好收藏啊！

4

1. 這裡是文豪太宰治的創作泉源。
2. 房間裡風格素雅，不需要華麗裝飾，就能讓身心靈好好沉潛放鬆。
3. 從杯盤搭配餐點，不只用餐美味，還很賞心悅目呢！
4. 玲瓏曲線水壺是兩罐特別帶回來的紀念品。
5. 雪景誘人，更增添泡湯的氛圍。

5

旅館たにがわ
地址：群馬県利根郡みなかみ町谷川524-1（搭電車到水上車站，有免費巴士接駁前往飯店）
電話：0278-72-2468
www.ryokan-tanigawa.com

四季皆美、老少咸宜
水上溫泉

位於群馬縣北方的水上溫泉鄉的水上町與台南市締結姊妹市，是一個極為豐富有趣又溫暖的好地方。它位於新潟與群馬交界處，距離東京一小時，明明應該是山裡的鄉下地方，卻發展出讓人意外的觀光產業：「工匠之鄉」集合數十種傳統手作產業，可體驗繪製人形面具、押花、手打烏龍麵等傳統技藝，還可住在民宿體驗日本農村生活。

水上町還有豐富的戶外運動資源，夏季登山，冬天滑雪，秋高氣爽時搭纜車上山欣賞沿途楓景。更有工藝精湛的玻璃公園，可欣賞可購買，更可親自手作體驗玻璃製造。

水上町是群馬縣豐富溫泉資源的代表之一，在上牧溫泉可浸泡療癒溫泉洗滌疲累，浸泡後飢腸轆轆，享受山林美味與各種隱居在水上町的職人手藝。集合休閒度假、農村民泊與山林風光，手創美好回憶，充滿亮點的水上町，是適合老中青三代一起造訪的好地方。

前往水上溫泉，從東京車站搭乘JR上越線在水上站徒步約10分鐘抵達。

1　2

1.押花教室內布置得很有味道，建議可以利用少許時間體驗製作押花作品。

2.請老師親自傳授秘訣，與好友一起體驗手打烏龍麵。

3.上牧溫泉對身體有許多益處，辰巳館也提供「貸切溫泉」供家族使用，但需先預約。

4.道地日式溫泉旅館，提供傳統日本服務與上好溫泉品質，來訪旅客都讚不絕口。

3　4

豪華炭烤料理大推薦
上牧溫泉 辰巳館

經常走訪日本的你，除了購物與主題樂園之外，最嚮往的是什麼呢？Choyce想要融入當地人的旅遊觀與生活態度，感受一下日式休閒度假氣氛。

再訪群馬縣水上町，再回到「上牧溫泉 辰巳館」，最重要的當然是品嚐遠近馳名的炭火山里料理，它也是日式溫泉旅館中少見的炭烤會席料理。前菜是白子、鮭魚卵、卷壽司，現烤燒肉刷上辰巳館女將親自熬煮的味噌醬，群馬產山芋製作的糰子，綿密口感混合著味噌香，更是讓人停不下口。鄉土料理味噌湯一樣是桌邊炭火熬煮，最後加上草莓奶酪，令人大大地滿足。一整套群馬縣經典美食加上和式住宿與早餐，一人一泊二食16000圓，真的是物超所值。

上回在寒冬中度過暖桌的美好一晚，這回天氣不那麼寒冷，也不需要暖桌來保暖，吃飽喝足、泡了溫泉後，一躺上床就秒睡；也難怪生活步調緊湊的日本人，每年總要安排幾次溫泉旅行，獲得充分休息後，再元氣滿滿地回到工作崗位上。

最適合家族旅行居住的榻榻米房間，可容納三代同堂，不怕小朋友摔到地上，行李箱也可以攤開整理，大人小孩都可以滾來滾去沒煩惱。房內有獨立的衛浴設備與廁所，還有沙發觀景區，可在

1

1. 以美食佐上群馬縣產地啤酒，這一夜賓主盡歡。
2. 炭火山里料理聞名遐邇，是絕對會讓人念念不忘的好滋味。
3. 寬闊的榻榻米房有獨立的衛浴設備與廁所，全家人共享一間房也不會打架。
4. 每一桌桌邊都能享受炭火直烤的樂趣。

2

一旁喝茶聊天，十分舒適。日本溫泉旅館多不禁菸，想抽菸的人可到沙發區，拉上和紙門就不會干擾到其他家人。

辰巳館還大方地提供各種山產點心免費試吃，喜歡的話就到樓下特產區購買。這些美味餅乾可是一般商店不好買到的喔！最重點的當然就是辰巳館的炭火山里料理，這麼豐盛的懷石套餐，只有在這裡才享用得到，絕對讓你想一再來訪，炭烤與火鍋根本就是為了台灣人設計的呢！

辰巳館
地址：群馬縣利根郡みなかみ町上牧2052
電話：0278-72-3055
www.tatsumikan.com

3

4

手作體驗
月夜野玻璃公園

群馬縣水上町的月夜野玻璃公園，裡面有日本最大的玻璃製作工廠、館藏豐富的玻璃藝術展覽館，園內還設有餐廳和玻璃工藝品商店。從明治時期至今，這家工廠已有110年的歷史，現場除了可以欣賞工匠的技藝、體驗玻璃製作或者其他玻璃加工課程，甚至可手作音樂鈴。可惜當時沒有時間手作體驗，此行特別安排手作時間，親手打造自己的花瓶與玻璃杯。只要短短半小時，從設計到噴砂都能自行完成。

在七手八腳的忙亂下，我一口氣做了三個不同圖案的花瓶，價格都是1200圓，不用等候、不需後送，自行挑選設計並噴砂，等待噴砂完成後，就可以溫水洗去貼紙，擦乾後放在保護紙內帶回家。

其中富士山形狀十分難得，連孩子們都愛不釋手呢！此外Choyce還快速做了一個寫有朋友名稱的花瓶，送給遠道而來的好友。原本素淨的小花瓶，卻能在上頭任意寫字、創作手繪圖樣，是不是很有趣呢？

看到群馬君從花瓶中跳出來，真的很有立體感，群馬君很細，光是將貼紙黏上去都要花上好一番轉印工夫。但是可以拼上自己的姓名，感覺特別有意義，這個杯子一輩子都不會丟棄啊！

月夜野玻璃公園
地址：群馬縣利根郡水上町後閑 737-1
電話：0278-62-2211
工廠參觀時間：8：05～16：50
玻璃體驗工房：9：00～17：00
www.vidro-park.jp

1　2

1.自己動手DIY，是最難忘的美好回憶。

2.這兒可容納團體進入體驗手作玻璃，甚至可手作音樂鈴。

3.月夜野玻璃公園是群馬友人力推必訪的熱門親子景點。

4.玻璃美術館須付費參觀，其中細數著日本玻璃發展史與國內外文化交流活動。

3

4

日本僅此一家美味豬排飯
育風堂

位於群山環繞中的水上町，有一間夢幻豬排餐廳「育風堂」，平日只有中午營業，假日也只開到5點就閉店。

每天只有短短數小時營業，是因為頑固社長堅持只做自己最擅長的食品加工。他遠赴重洋，前往德國、義大利、西班牙取經，導入歐洲國家肉品加工技術，並在好山好水的水上町開設食品加工肉舖，更因為美食大受歡迎，在白天撥空經營餐廳。

品嚐從德國進口的蝴蝶結餅乾，搭配育風堂經過12個月熟成的生火腿，若是能來上一杯啤酒，那可真是人生一大享受！這麼道地的德國美食，除了在日本水上町吃得到，也可以藉由網購宅配到日本國內指定地點。

香腸、火腿與生火腿等，樣樣都是育風堂社長的心血結晶，就連銀座的貴婦百貨也爭相邀請育風堂入櫃。只是，在東京可要花上一倍價格，在水上町只要1480圓就能享用道地美食呢！不管是什麼事，只要能堅持到底就能做出成績。造訪兩次育風堂，Choyce早就被這樣堅持又固執的社長折服，每每來到群馬縣水上町，都要來一趟育風堂。推薦喜歡西餐的你，試試一套1480圓的香腸美食特餐，包含羅宋湯、火腿前菜、里肌肉與香腸，還有一個法國麵包。恰到好處的煙燻風味，搭配黃色芥末醬與義大利紅酒醋更美味。如果搭配水煮洋芋簡單調味，中和肉品的重口味，更添飽足感。

1. 划算又美味的炸豬排，讓人一天的辛勞瞬間時間消失無蹤。
2. 天天吸引人們上門排隊，大家口耳相傳，就是要來品嚐這職人堅持製作的好味道。
3. 親子丼、炸豬排、煙燻香腸……每一道料裡都好吃得讓人咂嘴。
4. 全日本僅有一間的夢幻豬排餐廳，老饕往往不遠千里而來。

育風堂
地址：群馬県利根郡みなかみ町大穴814-1
電話：0278-72-3574
營業時間：10：00～18：00
定休日：週三
www.ikufuudo.com

1　2

另外，喜歡日式美食的你，一定會喜歡830圓的炸豬排定食，鮮嫩里肌肉多汁又飽滿，裹在酥脆麵衣中簡直就是天作之合，還附上醃漬醬菜、洋蔥拌火腿、味噌湯。豬排親子丼也是人氣套餐，這樣才880圓，根本就是佛心來著。水上町豬排與水上町地雞蛋的絕妙組合，吃過你一定會上癮。

育風堂的餐點就是這麼簡單，卻天天吸引人們上門排隊，低調到官網上沒有任何餐廳資訊，靠著老饕們口耳相傳，紛紛前來品嚐這職人堅持製作的好味道。Choyce真心大推，就算從東京專程開車來嚐一嚐都值得啊！

3

4

日本美人溫泉湯代表
伊香保溫泉

日本溫泉登記第一號,就在群馬縣伊香保溫泉,也是日本女性
們公認一生必去一次的女人湯。據說伊香保溫泉泉質能夠養顏
美容,泡了更有回春的功效。從高崎車站搭電車往渋川站(20
分鐘),轉搭巴士約10分鐘就能抵達伊香保溫泉。

伊香保最為人稱道的是由365層石階組成的石段街,也是日本最
有氣質的溫泉老街之一。當旅人身穿浴衣沿著石街拾級而上,
走著走著,彷彿穿越時空回到過去呢!

前往伊香保溫泉,可從東京車站搭乘上越或北陸新幹線前往高
崎,然後轉乘JR上越線或吾妻線的普通列車抵達渋川站。或是
從上野站直接搭乘特急列車,在渋川站下車。

創業150年的傳統溫泉旅館
雨情の湯 森秋旅館

Choyce二訪伊香保溫泉,就住在森秋旅館,這是當地十分知名的溫泉旅館,當晚還遇到其他國家大使賓客們在此交流,多國語言交錯著,好不熱鬧。

創立於明治元年的森秋旅館相傳是日本童謠、民謠作詞家,也是詩人野口雨情特別喜歡的旅館。森秋旅館別稱為「雨情之湯」,想必野口老師在此也獲得滿滿的創作能量。房間內是舒適的榻榻米房,另有內設溫泉美湯的高級套房,若是不想泡大眾澡堂的人可選擇含溫泉的套房,或者也可選擇「貸切風呂」(另外付費2100圓)。

溫泉與美食可是無法分開的心靈雞湯,住宿伊香保溫泉也要大口享受美食,才能快快恢復元氣喔!每人一晚住宿費16000圓(含早、晚兩餐)其實不算貴,晚餐還能享用水澤烏龍麵、上州牛與季節美食,一整年的辛勞都在這一餐補回來了。

美味的上州牛,取自於群馬縣的古名「上州」,美味不輸給其他日本牛肉,油花分布均勻的肉質,更是香味誘人呢。

1

1. 在森秋旅館的殷勤推薦下,各種群馬縣美味地酒輪番上桌。

2. 以溫泉畫下完美句點,任何惱人的事,都跟著煙霧退去囉。

3. 女兒節時,旅館內會擺設許多人形玩偶,別有一番味道。

4. 森秋旅館是傳統的日式旅館,館內風格古色古香,身穿浴衣穿梭其中特別有味道。

2

3　4

最後以群馬水澤知名的烏龍麵收尾，比起其他產地，群馬烏龍麵略寬又軟，也是農作時期快速補充體力的補給來源。

森秋旅館設有男湯、女湯，也有露天大風呂與貸切風呂，入夜後還會男、女湯交換，各種溫泉都能泡得到，通宵都能泡溫泉喔。

雨情の湯 森秋旅館
地址：群馬県渋川市伊香保町伊香保60
電話：0279-72-2601
www.moriaki-ikaho.co.jp

純和風旅館，五感大滿足
お宿玉樹

初次造訪伊香保溫泉，一進入「お宿玉樹」，立刻被擄獲芳心，處處是纖細典雅的和風裝飾和賓至如歸的待客服務，讓旅途中疲累的身心獲得了喘息的機會。

這間傳統和風日本旅館擁有名湯、黃金の湯、白金の湯共三種不同泉質的溫泉。 踏入改裝後嶄新的房間，服務人員親手沏茶後打開有如珠寶盒一樣的日式禮盒，裡頭是精心準備用來搭配茶品的日式點心。

入住「お宿玉樹」館內最大的和洋房，進門就是榻榻米客廳，榻榻米上還有小椅子，讓年長者不至於太吃力。Choyce最喜歡角落的貴妃椅，躺上去休息就不想起身了。

房間內的露天風呂，引用伊香保溫泉的白金湯，打造保有隱私的室外露天溫泉，在冷颼颼的雪天中跳進溫泉池內，

只有兩個字形容：暢快啊！泡湯過後坐在景色極佳的陽台上吹吹風，泡茶聊天，也是人生一大樂趣。

精緻大器的房間讓人驚豔，但更讓人回味不已的，則是餐點啊！此時是一月，應時應景推出了新年菜單。 服務人員上菜時還會詳細解說每一道菜的食材與做法，誠意滿點呢！

從擺盤到菜色都很堅持，炸蓮藕片酥脆、白子醋軟嫩、野澤菜提味……每一回吃宴席料理，都好像進行一場舌尖旅行。

讓人驚豔的是桌上的銅壺，它一邊維持土瓶蒸熱度，同時烤香菇，一石二鳥的聰明設計，好想把它搬回家啊！

日本蒸蛋跟台灣不一樣，上頭淋上一層勾芡高湯，提升蒸蛋滑嫩口感與風味，甜美滋味更加分喔！生魚片也是一絕，擺放配色都經過設計。味噌燒鰤魚擺

1

放在金黃色盤中更顯得雍容華貴！這裡的壽喜鍋很不同，採用上州和牛最耐煮的部位，把食材鋪陳在鍋底，蓋上和牛片，燜煮出野菜的甜味，而和牛的霜降油脂讓整鍋更添風味，又不擔心久煮讓牛肉變老。值得介紹的是寬片烏龍麵，吸飽了鹹甜醬汁，留下了讓人難忘的美好滋味！

不管是溫泉、服務還是美食都是一級棒，お宿玉樹的用心，你一定感受得到。

お宿玉樹
地址：群馬県渋川市伊香保町伊香保87-2
電話：0279-72-2232
www.oyado-tamaki.com

1.女將的誠摯心意，全都展現在服務與美味料理上。
2.用完美食再回到房間泡溫泉，胃裡不覺負擔，只覺得神清氣爽。
3.入座先看到那處處用心的精緻擺盤，還蓋上和紙以免食物沾染其他味道與物質。
4.每一道菜都要保持最美味的時刻上桌，或用上桌加熱方式維持溫度，讓人徹底感受到食材的美好。

現摘現吃
須田草莓園

群馬草莓在日本是出名的美味，尤其是群馬地處山區，由於保有豐富的水土條件，能在溫室栽培下產出甜美果實。當地人們極力推薦的是須田草莓園，它位於伊香保溫泉鄉附近，開車約1個小時。Choyce這次前往須田草莓園，由須田社長接待並親自解說草莓栽種的方式與理念，聽完介紹後更覺得那一顆顆華麗的草莓真的充滿許多學問啊！

1

須田草莓園採用溫室栽種，並利用高架栽種法加上機關設計，讓草莓的每一面都能均勻曬到太陽，增加甜度與口感的豐富層次。看看那碩大身形，卻保有甜味與水分，個頭不輸給歐美進口貨，甜度可是大勝歐美草莓。須田草莓園的收費標準也很有趣，由於天氣越冷，越能抑制草莓的酸味，冬天是採草莓旺季，30分鐘吃到飽，每人收費1500圓。若是到了春天來採草莓，甜味之外還有隱約酸味，相對地市價略低，入園吃到飽的價格也會調降一些，這真是良心事業的經營方式呢！

須田草莓園採用微量農藥，符合日本食品法規規定，是不影響人體健康的程度，在園內摘採即可送入口中。Choyce毫不客氣地啃下二十多顆草莓，才捧著肚子心滿意足地離開。

相較於市面上一盒900圓的草莓，能夠入園吃到飽，新鮮美味直送入口，那才是草莓的最佳美味呈現吧。而最令人佩服的是須田社長的經營方式：利用高架的輪軸上下更換，讓草莓每一

2

面都曬得到太陽，並分門別類開放不同溫室，讓草莓有喘息的空間；這也是尊重環境，取之於環境、用之於環境的做法。

草莓擁有豐富的維他命C，對人體健康好處多多。草莓的繁殖能力強，只要在溫度與濕度條件許可下，都能很快速地延伸發芽。

須田草莓園有一整排的溫室草莓園，一年之中有半年時間供應美味草莓，此外也販售利用自家草莓和藍莓製作的冰淇淋，香濃好吃，歡迎來這裡體驗高架草莓的美味喔！

須田草莓園
地址：群馬県渋川市赤城町樽287-1
電話：0279-56-8473
營業時間：9：00～16：00
定休日：不定休
www2.ocn.ne.jp/~suda15en

1. 群馬保有豐富的水土條件，草莓能在溫室栽培下產出甜美果實。
2. 冬天腳步還逗留著捨不得離去，粉紅少女心草莓季節已悄然來到。
3. 隨季節轉換，收費標準也不相同。
4. 日本朋友開心地說：在超市購買草莓時如果發現草莓花瓣，代表好運將至喔！

人情味洋溢、家族旅行首選
四萬溫泉

距離東京約兩個多小時車程，日本群馬縣的四萬溫泉鄉，是日本人家族旅行經常選擇的度假勝地。

沒有討喜的紅綠藍現代建築，四萬溫泉以傳統道地的溫泉旅館聞名。即便有現代化的公車穿梭而過，這裡沒有喧鬧繁華的景象，而是多了思古之幽情。溫泉商店街分散著排列，但人與人之間的互動，卻出人意料地熱切與緊密，讓初次造訪四萬溫泉的

Choyce，驚覺自己一點一點地被融入其中。

漫步在四萬溫泉街上，看到分散各處、免費開放的飲泉水，不需懷疑，趕緊上前大喝幾口。據說四萬溫泉的水質對胃腸疲弱、脾胃不適的人有強化效果，對皮膚也有益處。光是四萬溫泉水的功效，就讓從小脾胃虛弱的Choyce很想移民到四萬溫泉居住了。

1

2

從東京到四萬溫泉最方便不轉車的方法
是，搭乘草津特急電車直達中之条車站，
電車單程車資4452圓，往返則超過9000
圓。善用外國人專用JR東日本廣域周遊券
10000圓，可任意搭乘關東地區新幹線與
特急電車，指定劃位也不用另外付費。

倘若在四萬溫泉停留一晚，隔天還能搭電
車到草津溫泉，甚至到輕井澤車站逛街購
物後，從輕井澤搭淺間新幹線，只要65分
鐘就能抵達東京車站。

四萬溫泉觀光協會
shimaonsen.com

3

4

1. 四萬溫泉難以言喻的氣
質，隨著空氣流動，溫柔
地包覆著你我的感官。
2. 超便宜又美味的好吃日本
醬菜，如果不嫌重，絕對
要來挖寶啊！
3. 蕎麥麵，真的是麵食界中
數一數二好吃的啊！
4. 小松屋是當地人掛保證推
薦好吃的手打蕎麥店。

《神隱少女》湯婆婆的家
積善館

日本最富盛名的動畫大師宮崎駿，創作了許多膾炙人口的動畫電影，歷久彌新的劇情串起不同世代間共同的美好回憶。

位於群馬縣四萬溫泉鄉的積善館（せんとちひろのかみかくし），據說就是電影《神隱少女》中湯婆婆的旅館原型。它是日本最古老的溫泉旅館建築，算算落成至今已有約三百多年的歷史，也成為動漫迷們必訪的聖地。

積善館不只是動漫景點，更被日本政府指定為重要文化財，更吸引了許多外國人指定住宿，Choyce在四萬溫泉停留兩天，發現門口無時不刻都有各國來的遊客拍照取景。

積善館由本館、山莊和佳松亭三棟建築組成，記得神隱少女中的大澡堂嗎？積善館的女將特別拉開一般人無法入內的迴廊讓Choyce得以一窺究竟。在這個長長的走廊上，千尋與白龍有許多的互動，也共同克服一次又一次的困難，培養真摯的友誼。

這一層隱秘的樓層，只針對特殊活動或者動漫迷事前申請才開放，一般人無法踏入。

積善館最左邊的房間是編號イー27號房，從這個房間眺望整個積善館大門，以及千尋打工的湯屋「元祿之湯」，是最佳攝影角度。倘若你有機會造訪四萬溫泉，請指定住在邊間房。推開拉門是一間日式傳統榻榻米房，傳統電視播放著節目，熱水壺

1

1. 服務人員個個親切可愛，讓人對這棟300多年歷史的古建築多了喜愛與親和力。
2. 濃濃懷舊感的大澡堂，別有風情。
3. 光是這座橋，就喚起了跨越國界，跨世代共同的回憶。
4. 天天喝溫泉水，越變越漂亮該怎麼辦呢？（煩惱啊）

2

積善館
地址：群馬県吾妻郡中之条
町 四万温泉
電話：0279-64-2101
www.sekizenkan.co.jp

3

與坐墊、和紙拉門、竹籠燈飾，充滿濃濃的復古風情。在這樣充滿濃濃宮崎駿氛圍的房間，不含餐食，素泊方案一人只要7000圓起跳（時價），不想住宿的客人也能選擇日歸泡湯。湯屋外還有飲泉，可直接飲用，注意高溫燙口喔！充滿礦物質的源泉帶點鹹味，據說喝了對身體十分有益。

造訪四萬溫泉積善館，楓紅是最燦爛華麗的舞台，但在白雪皚皚或者春天新綠的季節也有不同風光，倘若你也是熱愛旅遊的玩家，絕對要把積善館列入日本旅遊清單之中。

4

老屋新生的文青咖啡館
柏屋カフェ

微涼的午後,推開柏屋咖啡,店內靜謐的氣氛讓人心情不禁放鬆下來。環顧四周、挑高天花板、上下兩層樓的木造裝潢、咖啡色桌椅,這裡真的是四萬溫泉鄉嗎?可愛小巧的手沖Lavazza咖啡,上頭的溫泉拉花,證明了四萬溫泉的存在。

1950年代,柏屋衣料店在四萬溫泉開張,一路見證著日本戰後的努力復興。後來,新一代的年輕接班人改裝成柏屋咖啡,將老房子賦予新生命,點綴出時尚清新的人文風格,也成為年輕女性來到四萬溫泉的必訪景點。

柏屋咖啡不只賣咖啡,還有Pizza等輕食,角落空間並展售文創產品,販售與溫泉饅頭截然不同風格的手作小包、書籤等等。讓人感覺到,店主企圖從傳統中走出一片天的活力。

我笑著與日本友人說:「這種店在東京肯定是天天大排長龍,直到深夜都還有潮男潮女爭相造訪的人氣名店!」

下次來到四萬溫泉鄉,不妨拋下匆忙的腳步,放下手機,走進柏屋咖啡找個角落好好閱讀,或是與朋友談心,充電後再出發。

1

1.靜謐的空間,不禁讓人心生嚮往之情。
2.日本風又帶些創新,柏屋咖啡為四萬溫泉帶來些許清新與人文風格。
3.挑高天井,上下兩層樓的木造建築,格狀空間分隔出另外一種氣氛。
4.可愛小巧的手沖Lavazza咖啡,上頭的溫泉拉花,證明四萬溫泉的存在。

2

3

柏屋カフェ

地址：群馬県吾妻郡中之
条町四万4237-45
電話：0279-64-2414
www.onsen-cafe.com
www.vidro-park.jp

4

鐵道、絕景滿喫之旅
渡良瀨溪谷鐵道、梨木溫泉 梨木館

日本怎麼玩最好玩？其實很難有絕對答案。有人熱愛租車自駕，有人喜歡騎單車，Choyce總愛在日本尋找特色鐵道，這回挖掘到渡良瀨溪谷鐵道讓人驚喜連連，重拾了單身旅行的美好感受。

位於群馬縣桐生市的渡良瀨溪谷，不僅是極具特色的觀光列車路線，更是東京人的度假勝地，這一天巧遇日本包團旅行，瞬間將這台只有兩節車廂的通勤列車變成熱鬧的觀光小火車，同車的Choyce心想：「難怪日本婆婆都不願意幫忙照顧孫子，僅剩不到短短數十年的人生，當然要為自己而活啊！」

原本肩負著通勤列車的工作，卻在人口外移、農村沒落後，轉型成為觀光鐵道，意外賦予了新的風貌。說到新風貌，多數台灣人可能會聯想到車廂繽紛燦爛的多色塗裝，但其實真正熱愛鐵道，是接受其原本的樣貌，而不是為了媚俗擅自改變外觀，渡良瀨溪谷鐵道就這樣任性地維持著帶點復古的豬肝紅色調，在渡良瀨溪谷間奔馳著，絲毫不見違和感，也是最讓旅人感到放鬆與自在的交通工具。

搭乘渡良瀨溪谷鐵道火車，你可得要帶著輕鬆愉悅的心情上路，不追求快速奔馳，而是享受中途下車的從容與自在。有趣的是，整列車廂只有一位司機運行兼收票，但有美麗的車長半途上車兜售零食，毫無意外地，被掃購一空。

名作家歌德曾說：「旅行，不是為了抵達目的地，而是為了享受旅途中的種種樂趣。」沿途欣賞桐生到間藤之間、渡良瀨溪谷的美麗風光十分愜意，尤其秋楓與春櫻時期，列車更是班班客滿呢。

走完渡良瀨溪谷鐵道沿線大小景點，抵達間藤站轉搭巴士，便能前往日本最受外國人歡迎的觀光路線之一：日光。Choyce不打算直達終點，而中途在「本宿車站」下車，換搭計程車前往渡良瀨溪谷鐵道附近知名的度假景點「梨木溫泉」一遊，並且住宿在當地特色旅館「梨木館」。

梨木溫泉地處有點尷尬的位置，也不在熱鬧景點的火車站旁（本宿車站是個簡陋的無人小站），前後不著村也不靠店，「梨木館」因此保留著不受干擾的全天然環境，櫻景、星空、螢火蟲、溪谷景觀，都能一一飽覽。

1

2

梨木館溫泉帶著紅鐵成分，是真正的源泉，館內除了大眾浴場、房間內獨立溫泉湯，更提供獨立小間貸切溫泉，房客可享受與世隔絕的泡湯時光。就連梨木館所販售的特產，也都與其他溫泉旅館的人氣商品有些區隔。

在處處充斥外國觀光客與日本旅客搶房搶觀光資源的日本，梨木館溫泉彷如世外桃源一般，清新安靜又自在。

1. 樸實又溫暖的榻榻米房間，讓旅人更能夠放鬆身心、享受愜意。
2. 渡良瀨溪谷鐵道堪稱最美的賞花鐵道。
3. 紅鐵成分的溫泉色澤溫潤、對身體有益，搭配窗外美景享受滿點。
4. 與世隔絕的傲骨，加上獨立於世間的美景環境，是吸引人特地前來的特色。

梨木溫泉 梨木館
地址：群馬県桐生市黒保根町宿廻285
www.nashigikan.com
渡良瀨溪谷鐵道：www.watetsu.com/torokko.html

3 4

IBARAKI

超值又好玩！
茨城縣親子自駕小旅行

對台灣人來說，茨城縣是個未開發的旅遊寶地。多數人離開東京，只在輕井澤、富士山打轉，卻不知茨城縣近在眼前。近來因為有了直航班機，它的存在逐漸被注意到，更多人想知道：茨城縣怎麼玩才好？

位於東京北方40公里、北關東的茨城縣坐擁天然美景，山珍海味更是一應俱全。知名的景點像是日本三大瀑布的袋田瀑布、日本三大名園偕樂園、日本最美味納豆水戶，都在茨城縣；這裡更有日本數一數二、不輸給築地市場的那珂湊魚市場、一年四季皆美麗的常陸濱海公園，相當值得一遊。

《宇宙兄弟》的夢想發源地
筑波宇宙中心

日本人對太空做了非常多研究，甚至在北關東的筑波設有一間宇宙中心，開放入內參觀，現場不只陳列太空設施，還有專人導覽，以及不定時舉辦的太空知識講座（只有日語）。

來到電影《宇宙兄弟》的場景「筑波宇宙中心」，最讓人興奮的，莫過於Space Dome太空巨蛋展示館。裡面有貨真價實的太空船配件與各種相關資訊，一樣是免費參觀喔！

想知道宇宙人吃什麼嗎？其實比我們想像得要豐富呢！日本研發了許多日本食品送上外太空，讓太空人也能享用家鄉味。有趣的是，這裡也能買到太空食物，像是加入熱水就變成鮭魚飯糰的調理包，十分受到歡迎。

筑波宇宙中心的販賣部，滿足了太空迷的收藏慾望。各種太空人的周邊商品，像是太空人的裝備、文具用品等都是熱搜目標，一套太空裝8640圓，讓小孩不用飛上太空也能過過當太空人的乾癮。

太空人升空一次耗時又費力，必須花費難以想像的龐大金額，可不能隨意地來回地球。因此在外太空運行時，就得靠宇宙補給站供給各種必需品。現場展示了日本研發的各種人造衛星與太空船推進器（台灣稱為火箭）模型，令Choyce噴噴稱奇；看著太空人身著笨重裝備在無重力的宇宙中漂浮，那種對宇宙的熱情更讓人佩服不已。

在筑波宇宙中心，一邊參觀，一邊還能從許多小細節獲得新知，寓教於樂，希望以後能推出多國語言版，讓更多孩子有機會無障礙地學習。

筑波宇宙中心
地址：茨城縣つくば市千現 2-1-1
電話：029-868-5000
參觀時間：10：00～16：30
www.jaxa.jp

1

2

1. 展示館中有真正的太空船配件與各種相關資訊，寓教於樂！

2. 隨意走走逛逛，卻一再驚嘆於館內的設施讓人目不暇給。

3. 免費參觀的設施可能會很無聊？這誤會可就大了喔！

4. 太空補給站，專門帶給外太空人各種糧食與研究資料補給。

5. 各種太空人的周邊，都是太空迷熱搜商品，舉凡太空人穿著，文具用品等，都是來客必買商品。

3

4

5

新鮮直送葡萄吃到飽
大場観光ぶどう園

開心採果，也是我們此行的目標之一。我們預定好的大場葡萄園位在隱密的鄉間小路，GPS導航在外圍，要繞行一周才找到入口，一開始還以為自己走錯路呢！

大場葡萄園是茨城縣老字號的葡萄園世家，已有60年的歷史。農園裡，多重品種的葡萄依季節陸續收成，每次造訪都能採收到不同品種的葡萄。而香檳葡萄、麝香葡萄、巨峰葡萄從八月到十月都是最佳盛產期。有沒有看過乾葡萄？在葡萄架上自然曬乾的葡萄，市場上價格比新鮮葡萄還要高呢！

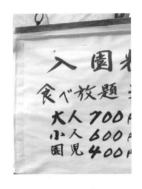

大場葡萄園占地廣大，在裡面採葡萄、品嚐新鮮直送的美味葡萄是一大享受。好久沒有吃葡萄吃得這麼過癮了，30分鐘吃到飽，大人只要700圓，6歲以上小孩600圓，6歲以下400圓。

如果採收後吃不完，可秤斤買回家，或者建議採買不開放採果的麝香葡萄。

大場葡萄園的外觀也是傳統東北老屋形狀，光是建築物本身就很有看頭。若是主人在家的話，還會與你親切地聊上幾句喔。

1　2

4

3

1.看女兒那與葡萄一樣甜
　美的笑容，媽媽沒吃都
　覺得幸福。

2.每次造訪都可能採收不
　同品種葡萄，以當天盛
　產為主。

3.迷你香檳葡萄甜滋滋
　的，一小口吃下好幾顆
　十分過癮。

4.入秋時節葡萄正香甜，
　計畫一下租車自駕採葡
　萄的甜蜜小旅行吧！

大場観光ぶどう園
地址：茨城県石岡市佐久258
電話：0299-43-1799
營業時間：8：00～17：00
www.oba-grape.com

好吃好逛的海鮮天堂
那珂湊魚市場

對Choyce來說，旅行時最美好的醍醐味就是光顧當地市集。到了茨城縣，當地有名的「那珂湊魚市場」絕對不能錯過，這裡比築地市場更好買又好逛。

位於常陸市的那珂湊魚市場，它的生鮮賣場經常大排長龍，除了可享用當天新鮮撈捕的水產，也能購買便宜食材回家自行料理，光是看到新鮮水產就讓人開心不已。

大顆新鮮現開岩牡蠣（相當於正常牡蠣的五倍大小呢！）價位從500～1000圓不等，什麼調味都不用，大口咬下超過癮！八匹一夜干1000圓、紅甜蝦一大盤1000圓，都是令人傻眼的直送價。生

蠔更別說，這幾年南三陸產的牡蠣品質是歷年來最好的，價格也最便宜，一大盤七、八個才1000圓。整隻水煮螃蟹2500圓（產地在新潟，當地漁港可買到12隻10000圓的價格），一整大簍蜆才800圓，特大尾牡丹蝦現烤600圓。貝殼上承裝約五、六顆海膽分量，炭火烤熟享用，這是我試過最奢侈的海膽吃法。

不只是海鮮，那珂湊魚市場也有迴轉壽司、生魚丼飯餐廳，以及各種路邊攤小吃，烤牡蠣、干貝、海膽與章魚燒都有，甚至啤酒都買得到。看到如此琳琅滿目的商品，讓愛吃海鮮的Choyce真的好想搬到茨城縣居住呢！

那珂湊魚市場
www.nakaminato-osakanaichiba.jp

1   2

3

4

1.那珂湊魚市場既是觀光漁市場,也是海鮮天堂。

2.魚市場分有生鮮賣場部門,有經常大排長龍但保證超值的海鮮餐廳,也有路邊攤等自由享用。

3.不只有賣海鮮,那珂湊魚市場也有各種路邊小食,邊逛邊吃邊玩超過癮。

4.價格便宜又新鮮,愛吃海鮮的人根本就受不了誘惑啊!

寓教於樂的海洋教育舞台
茨城大洗水族館

生活在四周環海的島國，日本人的基礎教育強調要讓孩子認識海洋、親近海洋，感謝海洋賜予豐富的資源，更希望孩子們珍惜現有的資源。

日本各地都設有海洋教育水族館，這回Choyce租車自駕來到茨城縣濱海的大洗海水浴場，附近也有一座AquaWorld大洗水族館，是當地熱門景點。早上九點開門，還不到半小時，停車場已經客滿，目測應有上千台自小客車，還不包含搭乘大眾交通工具前來的旅客。建議事先上網預約購票，除了可獲得特惠價之外，還可免去排隊等候的時間（大洗濱海一帶的旅館多有銷售特價門票，約可省下約200圓的優惠）。

大洗水族館緊鄰著太平洋，是日本第六大水族館，全館海洋生物約有五百八十種、六萬八千隻，海豚與海獅表演秀是必看的重頭戲。進入館內可要先研究一下參觀動線，超搶手的海豚與海獅秀，務必一入館就先預約，否則要等上好幾個小時喔！

與一般海生館距離有點遙遠的企鵝不同，真實又逗趣的企鵝活蹦亂跳地出現，牠們每天要吃550公克小魚，飼養人員會以手環識別企鵝，以免重複餵食或者沒照顧到。

可玩、可看、可動手觸摸，大洗水族館用各種方式引導孩子們思考，學會「保護動物、人人有責」的觀念。館內設置了許多互動教材，讓孩子們從被動地觀賞，潛移默化為充滿好奇心地主動探索，這比強行灌輸他們各種海洋知識，來得更有意義。辛苦工作的潛水伕們也是孩子們眼中的英雄，他們除了負責清潔、餵食，也與孩子們做互動，更加深孩子們對海洋世界的愛好。

1. 餵食秀、電影等一定要先預約，否則恐怕真的要飲恨等下回再來了。
2. 企鵝兩翅各有兩個顏色手環，這就是企鵝的名字喔！
3. 較於海洋生物，在海洋裡工作的潛水伕們更是孩子們的英雄。
4. 水族館內分布圖，別忘了事先安排各場餵食秀時間（右下角）。

1

2　3

大洗水族館的鯊魚復育，可是全日本數一數二的喔！它擁有52種鯊魚活體展示，是日本第一紀錄。此外，館內也設有日本最大的曼波魚水族館，看著曼波魚無憂無慮的臉龐，實在太療癒了！水族箱裡還有7隻翻車魚，也是孩子們最喜歡駐足的地方。

最讓遊客期待的，還是水族館內各種特色伴手禮。我們買了好多海豚君，療癒系玩偶真的是大人、小孩都愛啊！

大洗水族館約要花上三到四小時才夠觀賞完畢，建議行程安排時，可包含附近的大洗海水浴場、金福明太子工廠、那珂湊魚市場，規劃成一整天行程。

茨城大洗水族館 AquaWorld
地址：茨城県東茨城郡大洗町磯浜町8252-3
營業時間：9：00～17：00（最後入館時間16：00）
門票：大人1850圓，中小學生930圓，3～6歲310圓，未滿3歲孩童免費入圍。
www.aquaworld-oarai.com

4

免費參觀試吃的明太子樂園
めんたいパークかねふく

「めんたいパークかねふく」（明太子觀光工廠）是住在茨城縣的朋友大力推薦Choyce必去的旅遊景點，它是關東地區唯一一間明太子工廠，就在大洗海水浴場旁，離大洗水族館也只要三公里的距離，很適合親子同行，在這裡玩上半天也不會膩。

「めんたいパーク」是福岡明太子加工廠之一，提供免費參觀和試吃，遊客絡繹不絕。入內參觀時可別被免費試吃給迷惑了，先來了解一下明太子的由來和製作流程吧！據說明太子發源地是由韓國傳到日本福岡變成國民美食。將已經醃漬過的鱈魚卵，淋上特製醬汁，醃漬第二次並放入冷藏進行熟成，約2~3天就能製作出無比美味的明太子。它可用來製作甜點、鹹食，從早餐到宵夜，都是餐桌上華麗登場的好伙伴。

現場有50位員工每天負責製作1000公斤明太子，光是這個工廠就產出了36.5萬公斤明太子，銷往全日本，甚至出口到全世界。

明太子一直是Choyce的最愛，原因是夠鹹夠味，很適合當下酒菜。熱衷料理的Choyce此行最大收穫就是了解許多明太子料理的應用，原來明太子也能千變萬化，融入各種料理中。

1

1. 明太子義大利麵也是一絕，入餐廳必點的招牌料理。
2. 明太子豬腸鍋，看了讓人垂涎三尺，真的好想買啊！
3. 絡繹不絕的人潮不斷湧入，私心決定下回再來一定要二訪。
4. 現場不只靜態陳列，還能動手操作！

2

3

參觀見學後，當然就是採購時間。明太子豬腸鍋、明太子香腸、明太子手羽先、明太子吉祥玩偶⋯⋯選哪一樣好呢？明太子一定要冷藏保存，帶著旅行可不是一個好主意；明太子辣油與明太子拌飯料，是比較能帶回台灣的名產，明太子香腸可常溫保存，打開即可食用，是不錯的伴手禮。

明太子工廠（めんたいパークかねふく）
營業時間：9：00～17：00，年中無休
地址：茨城県東茨城郡大洗町磯浜町8252-3
www.aquaworld-oarai.com

4

東京人的週末一日遊首選
——埼玉縣

許多人一年不只造訪東京一次，但每每在東京市區打轉。如果想要體驗一點新鮮元素，Choyce建議搭乘西武鐵道，從池袋與新宿出發前往埼玉縣的秩父、川越，只要一小時，就能感受不一樣的自然風貌。

建築大師隈研吾設計
西武旅行餐廳52席的至福

由擔當2020年東京奧林匹克運動會競技場設計的知名建築師隈研吾設計、西武集團推出的「西武旅行餐廳 52席的至福」，行駛於池袋到西武秩父站、西武新宿到西武秩父站、西武新宿到本川越站之間，僅在週末限定運行。它分為春夏秋冬四種主題，不同主題列車內有不同擺設，車廂外的彩繪也跟著四季有不同變化，每班次電車有四節車廂（其中兩節車廂為餐車和廚房），一天來回兩個班次，簡直就是限定中的限定，堪稱超級夢幻列車。想要搭上電車，可要提前半年預約付費，才能搶得先機，它也是鐵道迷與攝影家追逐的重點。

「如果在交通工具上欣賞美景的同時享用美食，那是多麼棒的體驗啊！」尤其是搭火車時有美食與美酒相伴，更是一大享受。很幸運地，Choyce在眾人豔羨的目光之下，踏入了這班電車。列車上方木條是秩父縣杉木製成，營造出一股溫暖舒適的氛圍，讓人一上車就分外感到放鬆。

為了慶祝通車，西武電鐵還特別釀造了1000瓶52席的至福威士忌，其中900瓶一推出就在網路上被行家搶購一空，僅剩下100瓶在旅行餐廳中限量供應。列車提供的餐點也大有來頭，由埼玉縣名牌餐廳「SALVAGE（サルベージ）」主廚坪內浩氏精心選用埼玉縣產名物，製作各種頂級饗宴，價格是含車票每人午餐10000圓、晚餐15000圓（不含飲料與酒類，甜點自助吃到

2

飽）。Choyce這天點的午餐套餐有義式前菜（包括番茄冷盤、武州豬里肌火腿、天使蝦與夏季時蔬）、越光米製作的炸米飯糰，湯品是番茄湯，內有義式餃、菠菜與起司，帶來清爽開胃的效果。主餐採用武州豬的角煮，佐上馬鈴薯泥，入口不油膩。值得一提的是，多數料理都在餐車上完成，等旅客下車觀光時烹調主餐，並且算好上車時間提供溫度適中的美食。車廂內有甜點吧，乘客可自行取用蛋糕、甜點，搭配咖啡或紅茶。最後，這趟幸福的美味之旅就在甜點吧畫下了令人心滿意足的句點！

旅行餐廳52席的至福

電話：04-2996-2888

www.seiburailway.jp/railways/seibu52-shifuku

3

1. 停靠在西武鐵道上的至福列車，是鐵道迷與攝影家追逐的焦點。

2. 東京都心內唯一餐車饗宴，絕不能錯過！

3. 週末限定運行，每班次僅能載客共52席次，一天僅只去回兩個班次，簡直就是限定中的限定，超級夢幻列車！

4. 搭火車時能同時擁有美食與美酒，真是難得悠閒慢時光的極致享受。

4

濃濃江戶風情
川越一番街（蔵造り通り）

位屬埼玉縣的川越是個小城，因為保有許多江戶時代的倉庫群，還有知名的冰川神社、喜多院、東照宮、成田山別院等，因而入選日本百大都市，有「小江戶」之稱。它距離東京才短短半個小時，是東京人假日喜歡造訪的古都，也是宗教信仰重鎮之一。

川越一番街（蔵造り通り）是川越最具特色的地區，鐘樓、大正浪漫夢大道……等具有歷史景觀的建築都集中於此。1893年川越大火後，當地許多建築紛紛重建，有些舊建築保持良好，迄今依然作為商辦用途，被日本政府指定為「重要傳統建造物群保存地區」。其中，1792年所建的「大澤家住宅」（おおさわけじゅうたく），現已改名為「小松屋」。

以前Choyce年輕時造訪川越一番街，覺得沒什麼好逛的店家，只是單純享受老街氛圍，這回再訪川越，卻被老街上的店家深深迷住。荻野銅鐵店內陳設許多鑄鐵鍋、桐壺等生鐵器皿，同行友人在此瘋狂採購了數萬圓用品與道具。雖然是倉庫老街，街上卻有著許多歐風建築，這是因為明治時代許多日本建築家前往歐洲留學，把當地特殊的建築風情和文化帶回日本。埼玉そ

1. 老舖子裡賣的不一定是老東西，也有許多讓人眼睛為之一亮的新產品。
2. 不購物，只想悠閒逛逛，也可以好好享受這種越沉越香的老倉庫構造。
3. 小江戶橫丁街上，往往讓人有意外驚喜！也許要彎著腰走入低矮巷弄間，卻依然讓大人小孩直稱樂趣無窮。
4. 造訪川越蔵造り通り的倉庫群，也是來到東京郊區的另一種選擇。

1

2

3 4

な銀行是倉庫群老街上顯著的建築，很適合拍婚紗照，或者身穿和服留影。

彷彿時間凍結一般，川越老街始終堅持著緩慢的步調，滿溢悠閒沉靜的懷舊氣氛；而到了週末假日，一波又一波急著想遠離塵囂的都市人則擠滿老街，形成強烈的對比。

每年10月第三個週末是川越祭，它有長達350年的歷史，想要認識川越歷史悠久的祭典文化，絕對不要錯過川越祭會館，在此展示了祭典山車模型、仿古風

涼亭等各種傳統文化紀實，也有紀錄片播放，和不定期的表演活動。

離開前，不妨到川越元町郵便局買張明信片，把難忘的美好回憶寄給友人與自己。

川越一番街（蔵造り通り）
觀光情報：www.koedokko.net/meisyo/01ichiban.html
交通方式：由西武新宿線「本川越」站徒步約10分鍾即可抵達。由JR川越線或是東武東上線「川越」站徒步約20分鐘即可抵達。

日本天皇夫婦造訪過的地瓜懷石料理
話処 陶路子

陶路子餐廳很好找，就在川越地標：鐘樓旁的交叉路口上。這一天Choyce特別來到日本天皇夫婦曾經造訪過的這家餐廳，品嚐中午才有的地瓜迷你懷石料理。

陶路子餐廳設在陶藝品商店內，所使用的餐具皆為陶器皿。用餐之前，先來杯咖啡，旅行的奔波與忙碌都消失無形。接下來是地瓜迷你懷石套餐（一人份1900圓，可當日預約）上桌，九道菜完全採用川越的特產地瓜製作。地瓜飯撒上黑芝麻，綿密如糯米飯的地瓜飯，入口就讓人驚豔。地瓜製作的開胃前菜沙拉，華麗如西餐前菜，不甜不膩、清爽好入口。地瓜可麗餅是帶著咖哩的口感與綿密的地瓜香，很有存在感喔！地瓜能變化的菜色真的很多，做成焗烤料理，口味不輸給馬鈴薯，只要點綴少許海鮮就是一道豐盛有營養的料理囉！地瓜羊羹和菓子，配上蕃茶剛剛好；地瓜冰淇淋擺放在精緻陶盤上感覺更是美味呢！

台灣也是地瓜大國，這種兼顧美味與美感的創意料理，值得參考。此外，一邊用餐，一邊欣賞周圍的陶藝品十分愜意，推薦給喜歡享受美食的朋友們。

1

1. 餐廳很好找，第一次來朝聖也能輕鬆找到所在地。

2. 一邊用餐，一邊欣賞周圍的陶藝品，陶路子餐廳很適合想放空走走，單純享受美食的人。

3. 地瓜能變化的菜色真多，在這兒可以一網打盡，吃吃喝喝非常過癮。

4. 上回望之向隅，這次提前訂位，終於能一享地瓜迷你懷石料理了。

2

3

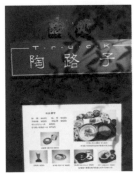

4

話処 陶路子
地址：埼玉県川越市幸町7-1
營業時間：10：00～18：00
電話：049-222-0989

親手製作手打烏龍麵
長瀞古澤園

長瀞車站是關東地區百選車站之一，從這裡約10分鐘車程即可抵達長瀞古澤園，Choyce此行的目的是要體驗手打烏龍麵的製作過程。它是許多日本機關團體舉行研修或員工旅行最夯的場所，也是家族旅遊最受歡迎的體驗項目之一，現場可容納120人學習製作手打烏龍麵。

一進門，看到榻榻米藺草蓆，Choyce忍不住心想：「手作烏龍麵還得跪坐，是不是太辛苦了？」

之所以在榻榻米上製作烏龍麵，其實是有道理的。想要烏龍麵美味又有嚼勁，可要花上許多力氣呢！跪坐在榻榻米上，使用全身力氣來桿平烏龍麵糰時，如果能掌握使力的訣竅，省時又省事。倘若用錯力道，隔天起床可是會全身痠痛喔！

製作美味烏龍麵只要麵粉、食鹽與水即可，依據當日氣溫與濕度調整比例，不同人製作的烏龍麵，嚐起來味道也大不相同。 切烏龍麵跟刀削麵的速度不同，可要細心慢切，務求粗細寬度相同，是老師傅的經驗之談。拿起烏龍麵專用刀，你會打從心底佩服日本人實事求是的精神，他們為了烏龍麵特別打造專用菜刀，材質輕薄，切起麵來毫不費力，更不用擔心切麵時把麵沾黏在一起。Choyce暗自決定，一定要把這把專用刀買回家。

在老師的詳細指導下，這一天耗費體力與汗水製作而成的手打烏龍麵，似乎特別美味。從頭開始進行烏龍麵手作體驗，好吃又好玩，等到煮好的烏龍麵上桌，眼前的烏龍麵不再只是滿足口腹之慾，更是充滿醍醐味的回憶呢！

1. 好吃烏龍麵不用編故事，用心就能做出感動味蕾的好料理。
2. 搭乘巴士前往長瀞古澤園，大家一起體驗親手製作的烏龍麵滋味如何。
3. 在老師詳細指導下，耗費體力與汗水製作而成，手打烏龍麵特別美味。
4. 看到榻榻米藺草蓆，忍不住眉頭一皺：手作烏龍麵還得跪坐，是不是太辛苦了點？

1

2

3

長瀞古澤園
營業時間：8：30～21：00
地址：埼玉県秩父郡長瀞町井戸511-1　電話：0494-66-3511
www.nagatoro.com
＊烏龍麵手作體驗費用1500圓（每個人可帶回烏龍麵成品約500公克）
＊製作完成的烏龍麵可帶回家，亦可加價在餐廳內自己煮來吃
附有天婦羅的烹煮體驗1200圓，不需天婦羅只需600圓
（烏龍麵配料有紅薑、海苔粉、細蔥、芝麻與醬油）

4

北歐童話風主題公園
あけぼの子どもの森公園

搭乘西武鐵道前往埼玉縣秩父飯能市，從車站轉搭巴士前往「あけぼの子どもの森公園」，才剛踏入園區內就聽到孩子們的歡笑聲。

嚕嚕米（moomin）是許多孩子們的童年回憶，這個虛擬玩偶來自於芬蘭女作家Tove Marika Jansson創造的角色。嚕嚕米住在森林裡，長相與河馬相似，脾氣與個性也很討人喜愛。除了芬蘭以外，日本是最熱愛moomin的國家。埼玉縣飯能市特別設置了一個「あけぼの子ども

の森公園」（嚕嚕米主題公園），廣受日本各年齡層歡迎。

跟其他日本觀光景點不同，あけぼの子どもの森公園內沒有餐廳，沒有危害孩子身心健康的塑膠遊具，甚至不收門票。以嚕嚕米（moomin）的家為中心，延展出一個孩子們都會喜歡的自然公園，可以在裡面攀爬、抓昆蟲、戲水、野餐，讓孩子在自由跳躍中尋找與自然脈動合拍的節奏，啟發他們的學習樂趣。あけぼの子どもの森公園有嚕嚕米

1

2

的家（moomin）、兒童劇場和森林之家三棟特色建築，以及水中小屋。

嚕嚕米（moomin）之家的大門與小學生身高相符，三層樓建築巧妙地利用山坡打造不同出入口，室內有廚房、客廳，一樓設有壁爐，冬天很適合舒舒服服地窩在沙發裡，打開繪本，沉浸在充滿幻想的童話世界裡。

嚴格說起來，あけぼの子どもの森公園不是正式的嚕嚕米主題公園，而是 Fantastic Moomin House。公園內不定時舉行各種活動，像是自然觀星、尋找昆蟲，或者是生態導覽等，提供了孩子們親近自然的寶庫，也是最好的自然教室，很適合親子同游，在這裡待上一整天。

3

あけぼの子どもの森公園
地址：埼玉県飯能市大字阿須893番地の1　電話：042-972-7711
營業時間：9：00～17：00，每週一公休。
交通方式：搭乘西武池袋線在「元加治」下車，徒步20鐘可抵達。

4

1. 師長們帶著孩子一同探險，家長們就在一旁野餐享受難得的清閒。
2. 公園外一個小小角落有一間小商店，裡頭有各種嚕嚕米周邊商品。
3. moomin嚕嚕米的家裡頭長什麼樣子？推開門去瞧一瞧吧！
4. あけぼの子どもの森公園多了自由與創造力，是孩子的天堂與樂園。

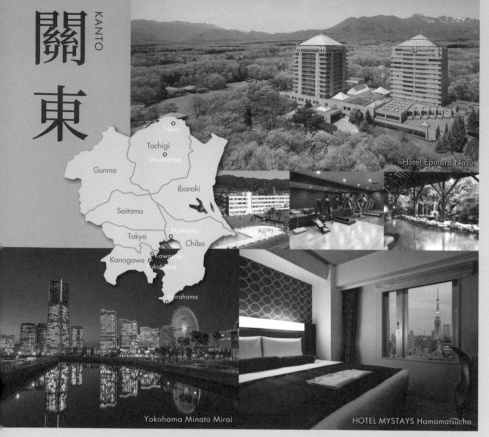

KANTO

關東

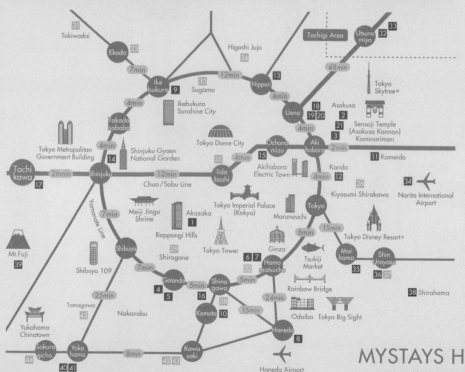

Hotel Épinard Nasu

Yokohama Minato Mirai

HOTEL MYSTAYS Hamamatsucho

東京 Tokyo

1 MYSTAYS 赤坂精品酒店
2 MYSTAYS 淺草酒店
3 MYSTAYS 淺草橋酒店
4 MYSTAYS 五反田酒店
5 MYSTAYS 五反田站前酒店
6 MYSTAYS 濱松町精品酒店
7 MYSTAYS 濱松町酒店
8 MYSTAYS 羽田酒店
9 MYSTAYS 東池袋酒店
10 MYSTAYS 蒲田酒店
11 MYSTAYS 龜戶酒店
12 MYSTAYS 神田酒店
13 MYSTAYS 日暮里酒店
14 MYSTAYS 西新宿酒店
15 MYSTAYS 御茶之水（會議中心）酒店
16 MYSTAYS 大森精品酒店
17 MYSTAYS 立川酒店
18 MYSTAYS 上野東酒店
19 MYSTAYS 上野稻荷町酒店
20 MYSTAYS 上野入谷口酒店
21 MyCUBE by MYSTAYS 淺草藏前精品旅舍
22 MYSTAYS PREMIER RESIDENCE 芝
23 FLEXSTAY 江古田旅館
24 FLEXSTAY 東十條旅館
25 FLEXSTAY 飯田橋旅館
26 FLEXSTAY 清澄白河旅館
27 FLEXSTAY 中延旅館
28 FLEXSTAY 品川旅館
29 FLEXSTAY 白金旅館
30 FLEXSTAY 巢鴨旅館
31 FLEXSTAY 常盤台旅館

栃木 Tochigi

32 MYSTAYS 宇都宮酒店
33 Epinard 那須溫泉酒店

千葉 Chiba

34 MYSTAYS 成田精品酒店
35 MYSTAYS 舞濱酒店
36 MYSTAYS 新浦安（會議中心）酒店
37 FLEXSTAY 新浦安旅館
38 白濱海洋溫泉渡假酒店

神奈川 Kanagawa

40 MYSTAYS 橫濱酒店
41 MYSTAYS 橫濱關內酒店
42 FLEXSTAY 川崎貝塚旅館
43 FLEXSTAY 川崎小川町旅館
44 FLEXSTAY 櫻木町旅館
45 FLEXSTAY 多摩川旅館

山梨 Yamanashi

39 MYSTAYS 富士山辰登溫泉酒店

MYSTAYS HOTEL GROUP
https://www.mystays.com/zh-tw/

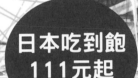

國家圖書館出版品預行編目資料

斜槓達人 Choyce 的關東自由行全攻略 / Choyce
著.
-- 初版 . --
臺北市：平裝本，2019.3 面；公分 . --
（平裝本叢書；第 0479 種）(iDO；97)

ISBN 978-986-96903-3-1（平裝）

731.7209   108001684

平裝本叢書第 0479 種
iDO 97

斜槓達人Choyce的
關東自由行全攻略

作　　者—Choyce
發 行 人—平雲
出版發行—平裝本出版有限公司
　　　　　台北市敦化北路 120 巷 50 號
　　　　　電話◎ 02-27168888
　　　　　郵撥帳號◎ 18999606 號
　　　　　皇冠出版社（香港）有限公司
　　　　　香港上環文咸東街 50 號寶恒商業中心
　　　　　23 樓 2301-3 室
　　　　　電話◎ 2529-1778　傳真◎ 2527-0904
總 編 輯—龔橞甄
責任編輯—張懿祥
美術設計—王瓊瑤
著作完成日期— 2018 年 11 月
初版一刷日期— 2019 年 3 月

法律顧問—王惠光律師
有著作權 · 翻印必究
如有破損或裝訂錯誤，請寄回本社更換
讀者服務傳真專線◎ 02-27150507
電腦編號◎ 415097
ISBN ◎ 978-986-96903-3-1
Printed in Taiwan
本書定價◎新台幣 350 元 / 港幣 117 元

● 皇冠讀樂網：www.crown.com.tw
● 皇冠 Facebook：www.facebook.com/crownbook
● 皇冠 Instagram：www.instagram.com/crownbook1954
● 小王子的編輯夢：crownbook.pixnet.net/blog